Karl Kollmann

Die neuen Biedermenschen

Bibliografische Information der Deutschen Bibliothek:
Die Deutsche Bibliothek verzeichnet diese Publikation
in der Deutschen Nationalbibliografie.
Detaillierte bibliografische Daten sind im Internet über
http://dnb.ddb.de abrufbar.

Umschlaggestaltung: Gisela Scheubmayr/Illustration: © shutterstock
Druck: CPI – Clausen & Bosse, Leck
Printed in Germany
ISBN: 978-3-85371-469-0

Fordern Sie die Kataloge unseres Verlags an:
Promedia Verlag
Wickenburggasse 5/12
A-1080 Wien
E-Mail: promedia@mediashop.at
Web: www.mediashop.at
www.verlag-promedia.de

Karl Kollmann

Von der 68er-Rebellion zum linksliberalen Establishment

Die neuen Biedermenschen

PROMEDIA

Über den Autor

Karl Kollmann, geboren 1952 in Heidenreichstein, Niederösterreich, war promovierter Soziologe und habilitierter Ökonom. Als Autor erschienen seine Beiträge zuletzt unter anderem in *Die Presse*, *telepolis* und *Streifzüge*. Karl Kollmann starb im September 2019 in Baden bei Wien.

Inhalt

Kleine Vorbemerkung

Es geht in diesem Buch um eine Beschreibung der neuen Biedermenschen, der Postmaterialisten, jenes neuen »Juste Milieu«, das sich als fortschrittliche, weltoffene und vor allem tonangebende Großgruppe der gegenwärtigen Gesellschaft versteht. Die andere (größere) Großgruppe wären die eher konventionell, bodenständig gebliebenen Traditionalisten, die Konservativen, heute mitunter als rechts verachtet oder gar unter »Nazi«-Verdacht gesetzt.

Beide großen Milieus sehen Gesellschaft und Kultur durch die jeweils anderen bedroht und kaputtgemacht. Moderne und alte Lemminge sozusagen. Selbstverständlich erweist sich zuweilen eine bloße Fortschrittlichkeit als dumm oder nicht durchdacht, Selbstgefälligkeit und Verachtung der anderen sind allerdings immer ungut. Die Feststellung von diesen zwei Milieus ist natürlich eine grobe Vereinfachung, genauer hingesehen sind es ohnedies vier Milieus: die neue linksliberale urbane akademische Mittelschicht, die alte traditionelle Mittelschicht, die mehr und mehr abgehängte traditionelle Unterschicht und dann eine kleine Oberschicht, also die wirklich Wohlhabenden, über die allerdings die wenigsten Bescheid wissen. Und immer gibt es in Gesellschaften, da sie Menschenwerk sind, Wandel, Veränderungen. Im Grunde müsste man sich nur »Überlebenssorgen« um die alte und traditionelle Mittelschicht machen, sie stirbt nämlich langsam aus, allein schon durch die Alterung. Manche ihrer Jungen wandern in die neue Mittelschicht ein, etliche treiben in die Unterschicht ab. Diese scheint zuzunehmen, denn herkömmliche Aufstiegschancen gibt es zusehends weniger, Abstiegsmöglichkeiten drohen hingegen an jeder Ecke.

Jedenfalls geht es bei der folgenden Beschreibung und Erklärung dieses Phänomens um ein Erläutern, das wohl auf wissenschaftlicher Basis stattfinden soll, es geht aber ebenso darum, auf den konventionellen wissenschaftlichen und oft fade empfundenen Jargon so weit als möglich zu verzichten. In diesem Sinn sind die Verweise, also das, was als wissenschaftlicher »Apparat« bezeichnet wird, insbesondere Fußnoten, an sich eher knapp gehalten. Man kann sie gern überlesen, da sie in der Hauptsache nur für jene gedacht sind, die inhaltlich und thematisch weiterschürfen wollen. Übrigens – viele US-amerikanische Wissenschafter haben recht gut und spannend lesbare wissenschaftliche Bücher geschrieben, der Mainstream-Ökonom Paul Samuelson etwa, oder der Sozialwissenschafter Christopher Lasch, um zwei ganz Unterschiedliche anzuführen. Und es gibt noch viele andere. Der denkscharfe und seit jeher unterschätzte Soziologe Georg Simmel kam in seinen Wissenschaftsbüchern oft sogar gänzlich ohne Fußnoten und andere Verweise aus. Das muss man sich heute erst einmal trauen.

Eine derartige Eleganz der Sprache und des Benennens, der leicht lesbaren Kritik, müssen die Deutschsprachigen wieder lernen, möglicherweise ist es jedoch heute zu spät dafür, da die meisten Wissenschafter aus Wettbewerbsgründen lieber in kargem Englisch publizieren und sich auf der anderen Seite im globalen Wissenschaftsbereich ganz generell eine Art deutsche Pseudogründlichkeit und akademische Gefälligkeit breit tut. Streng genormte Beiträge, die möglichst rationell gestaltet sind und gut auf wissenschaftliche Journale verteilt werden. An sich ist es eine Schande, wie der moderne Wissenschaftsbetrieb mittlerweile funktioniert – ohne belastbare und fördernde Netzwerke kann da einer oder eine gleich einpacken.

Wie der Leser bzw. die Leserin bereits merkt, soll hier die Pflicht zum kritischen, nüchternen und verständlichen Wort betont werden, auch auf die Gefahr hin, sich durch klare Ausdrücke unbeliebt zu machen, es sich mit dem Mainstream zu verscherzen. In Anbetracht der Endlichkeit des einzelnen Lebens wäre Wohlgefallen und Überanpassung allerdings nur eine tragische Chimäre strebsamen Gutmenschentums. Wenn einer nur ein Leben hat und am Ende steht stets der unfassbare, alltags allerdings meist verdrängte Tod, dann bräuchte man Wahrheit nicht mit schnöden Gefälligkeitstapeten zu verkleistern, sondern könnte vielerorts klar sprechen.

Zeitachsen helfen zu verstehen

Durch die folgenden Seiten zieht sich mit Absicht eine Zeitachse. Erst das Wissen um geschichtliche Verfasstheit und Entwicklung bringt einen weiter, macht einen verständnisbereit und im besten Fall klüger. Ausgehend von den Jahren nach dem Zweiten Weltkrieg und insbesondere den 1960er-Jahren oder der sogenannten »68er-Bewegung« möchte ich immer mit Bezug auf die Alltagsgeschichte diese Jahrzehnte bis in die Gegenwart »durchtanzen« – wie anhand eines kleinen, dünnen, roten Entwicklungsfadens. Jene 1960er-Jahre habe ich selbst als junger Jugendlicher in einfachen Verhältnissen, wie man das gern beschönigend nennt, erlebt; ein Nachkriegskind also, wird der Leser denken. In jener Generation der Verwandten war ich das erste und einzige Kind, das studieren konnte. Üblicherweise werden solche Kinder entweder überangepasst und identifizieren sich mit dem früher als solchem nur unbewusst empfundenen Aggressor, zu dessen Milieu sie jetzt endlich zugehören (wollen). Oder sie werden nie im neuen

Milieu heimisch und bleiben fremd. Die schmähliche Anpassung dürfte mir erspart geblieben sein, jedoch wirklich vertraut bleibt oder wird man dann nirgendwo mehr.

An keinem Ort ganz zugehörig, also als sozialer Grenzgänger, hat einer jedoch die Chance des kühlen und scharfen Blicks, wenn zumindest das ein kleiner Trost sein kann. Zurück bleibt das Wissen einer nachhaltigen Veränderung dieser Gesellschaft, jedoch auch die Enttäuschung, dass sich schlussendlich in der ganzen zivilisatorischen Struktur leider wenig Gehaltvolles verändert hat. Wirklich gewichtiger, substantieller sozialer Fortschritt war da nicht.

Vermutlich hat das ein Stück damit zu tun, wie Veränderungen heute in die Welt, genauer: in die Wahrnehmung der Menschen kommen. Der Risikotheoretiker Ulrich Beck hat das in seinem posthum erschienen Buch zur Metamorphose der Welt beschrieben.[1] Diese Veränderungen in der Welt gehen ungeplant und gewissermaßen still im Hintergrund vor sich, sie treffen jedoch, wenn sie dann einmal zutage treten, alle Menschen und lassen sich nicht mehr ungeschehen machen. Eine kleine Drehung am Kaleidoskop, ein Kippeffekt verändert das Bild, die Verhältnisse, stellt man dann erschrocken fest. Sind Atomkraft, Gentechnik oder biologische Kampfstoffe erst einmal in die Welt gebracht, dann bleiben sie dauerhaft im Spiel. Bitter, dass es so ist und alle gegenteiligen Träume längst ausgeträumt sind. Das ist nicht nur im Großen so, sondern auch im Kleinen. Bemerkt man Veränderungen an einem Partner nicht oder nimmt sie zu wenig ernst, lässt sich ein Unheil, eine gekippte Perspektive nicht mehr richten.

1 Ulrich Beck: Die Metamorphose der Welt. Suhrkamp, Berlin 2017.

Alle diese Veränderungen im Großen haben wirtschaftliche, politische, nationale, geopolitische und militärische Ausgangspunkte und eben vor allem Geschäftsinteressen zugrunde liegen. Dem Raubbau im Amazonasgebiet, in Zentralafrika und Indonesien folgen Wirkungen in anderen Erdteilen. Völkerrechtlich dürften die Betroffenen, selbst wenn sie sehr rabiat wären, sich gar nicht einmal dagegen wehren, etwa Krieg gegen die Verursacher führen.

Die Reproduktionsmedizin ermöglicht reichen Paaren einen Kinderwunsch, schön für neue Geschäftsfelder in der Medizin und betroffene wohlhabende Paare, die gesellschaftlichen Folgen dürften dennoch erheblich und alles andere als menschenwürdig sein. Zeugung über den Tod hinaus, US-Sperma mit europäischem Ei kombiniert und von einer Inderin ausgetragen, um gewünschte blonde Haare und blaue Augen und ausgewähltes Geschlecht zu erhalten, scheint mit dem Fortschritt und der Entwicklung der Technik möglich zu werden. Kaleidoskopartig entwickeln sich neue Verhältnisse, die dann, plötzlich, zu ganz anderen Bildern und Zuständen führen, für die niemand mehr direkt und einzeln verantwortlich ist oder gemacht werden kann.

Die Sozialwissenschaften zerbröseln

Zudem haben die Sozialwissenschaften, die heute mittlerweile weitgehend aus Personen des linksliberalen und grünen Milieus bestehen, einen gnadenlosen ideologischen Blick, um hier eine unverdächtige selbst linksliberale Autorin zu zitieren, die sich bemüht, aus wissenschaftlicher Sauberkeit die Vorurteilsbrille beiseite zu lassen.[2] Was ihr nicht ganz gelingt, aber Einsichten

2 Cornelia Koppetsch: Die Gesellschaft des Zorns. Rechtspopulismus im globalen Zeitalter. Transcript-Verlag, Bielefeld, 2019, S. 35.

eröffnen könnte, denn die vielen Kolleginnen und Kollegen reproduzieren nicht nur ihre Ideologie, schlimmer noch, sie dienen sich ihrem akademischen Sub-«Establishment« als Zugehörigkeitswillige an – zwei Todsünden der Sozialwissenschaften als gängige Praxis gewissermaßen. Was letztlich heißt, vieles was in diesem Bereich als vorgebliches Wissen produziert und verlautbart wird, ist oft nichts anderes als ideologischer Müll.

Wie im vorvorletzten Absatz hinreichend klar geworden sein dürfte, war ich seit meiner Jugend mit der Gesellschaft, in der ich lebe, eher unzufrieden, trotz des möglichen sozialen Aufstiegs. Zivilisiert, wenn auch eher ärmlich aufgewachsen, hat mich weder unverhohlene Anpassung noch Anomie erfasst und mich dann zwangsneurotisch, hysterisch, unleidlich, kriminell oder zum Terroristen werden lassen. Sondern die indirekte Sublimationsleistung der Zivilisation, diese mächtige und doch gewaltsame friedensstiftende Kraft, hat mich dazu gebracht, das Interesse der Frage zuzuwenden, warum denn diese Gesellschaft (genauer: diese Gesellschaften der Welt) so unfreundlich, ungerecht, strukturell gewalttätig und für viele Menschen so mies ist. Warum können Menschen nicht in Frieden miteinander leben, sei es im Kleinen, etwa in der Nachbarschaft oder am Arbeitsplatz, oder im Großen? Warum gibt es charakterlich gute und viel zu oft charakterlich schlechte, gehässige Menschen? Unterschiedliche gesellschaftliche Systeme haben daran übrigens nichts geändert, überall ließen sich viel zu viele miese Charaktere finden. Der Einzelne wird sich damit abfinden, aber ebenso gewappnet und wehrhaft bleiben müssen, sonst geht er unter.

Zurück zu ihr: die Zivilisation ist befriedend für das soziale Leben, aber in hohem Maß gewaltsam gegenüber dem Einzelnen; sie formt, prägt, unterwirft ihn, es, das Individuum. Wer dagegen mit der Waffe in der Hand vorgeht, wird erschossen, nur schriftlich ist Widerstand möglich (solange es noch Meinungsfreiheit gibt). Sigmund Freud ist in seinem kleinen Buch »Das Unbehagen in der Kultur« vor rund 90 Jahren dieser Frage nachgegangen und seine Einsichten sind bis heute spannend geblieben. Dort, wo die Psychoanalyse gesellschaftstheoretisch wurde, scheint sie bis heute gute Einsichten vermitteln zu können.

Die folgenden dreizehn Kapitel wollen zuerst den alten Lesern die Vergangenheit zurückbringen und den Jungen ein hochinteressantes Stück Zeitgeschichte, voll von aktiven und passiven Widerständen, neuen revolutionären Ideen, anderen Denkungsarten zugänglich machen. Wenn hier von zwei großen bzw. vier kleineren Milieus die Rede ist, die sich unversöhnlich gegenüberstehen, dann sind das letztlich wohl nur ein paar kleine Kaleidoskopdrehungen in Ulrich Becks Metamorphose der Welt, wo plötzlich dann auf einmal alles samt und sonders anders aussieht und in ein paar Jahren noch einmal ganz anders aussehen kann. Den vergangenen Drehungen des Kaleidoskops seit ein paar Jahrzehnten soll nachgespürt werden.

1 Vergangenheitsbewältigung 2.0: Die 1960er-Erfahrungen

Wenn es den Jungen »zu eng« wird, dann rebellieren sie irgendwann einmal. Tatsächlich scheint es so, als hätten ältere, große Kinder – Jugendliche, wie man heute dazu sagt, Teens und junge Twens – eine Spürnase für kulturelle Gestaltungschancen. Die sogenannte bürgerliche Revolution 1848 ging von Studenten aus. Ebenso die Reformbewegung Ende des 19. und Anfang des 20. Jahrhunderts. Der Umsturz aus den Kaiserreichen in die Parteiendemokratien nach 1918 funktionierte anders, da hatten nun politische Parteien und bis heute die Älteren, die Etablierten, die Eliten und ihre Mitläufer das Sagen. Dann aber wiederum die sogenannte 68er-Kulturrevolution – das waren Studenten, junge Künstler und jugendliche Unzufriedene. Drei von vier großen Veränderungen in der jüngeren Vergangenheit gehen auf das Konto der »Jugend«. Danach gab es immer wieder ein paar Ansätze, etwa die Occupy-Wall-Street-Bewegung im Jahr 2011 in den USA, die spanische Protestbewegung »Democracia Real Ya« 2011, der sogenannte »Arabische Frühling« ab Ende 2010, die Fridays-for-Future-Bewegung mit der ikonisierten Greta Thunberg aus Schweden ab Herbst 2018.

Ein Wort zur erwähnten Reformbewegung vor mehr als hundert Jahren, die vor allem in Deutschland einflussreich war. Sie war tatsächlich eine Art Vorläufer der 68er-Entwicklung und der späteren Grünen. Entspannte, lockere Kleidung, Naturerfahrung, Gartenbau, Distanz zu moderner Technik, zu aktuellen Moden und der Großstadt, ein informeller, lockerer Umgang der Menschen untereinander, das waren die Ziele dieser Bewegung. Sie wird heute, sofern sich geschichtlich überhaupt noch jemand damit auseinandersetzt, gerne als rechts und konservativ etikettiert.[3] Ähnlich wie der »Wandervogel«. Nach den Ersten Weltkrieg installierten jedoch auch Sozialdemokraten und Kommunisten ähnliche Gruppierungen. Futuristisch (dazu später) und rechts inspiriert, aber unvergleichlich eine Erstform der Hippiebewegung, war die vom italienischen Original D'Annunzio kurzzeitig gebildete »Republik Fiume« (heute Rijeka).[4]

Vor mehr als 50 Jahren

Die 68er-Rebellion ist jahresmäßig etwas falsch verortet. In Wirklichkeit begann sie in Ansätzen schon vor 1968. Mit neuer, anderer Musik, den Beatles und den Rolling Stones, den Kinks und anderen britischen Bands. In Mitteleuropa kam dies um das Jahr 1964 und 1965 an. »A Hard Day's Night« war ein Film dazu – die Beatles galten als erfrischend neue, als alternative und endlich einmal zeitgemäße Musik. Und sie hatten Vermarktungsgenies im Hintergrund, welche die damalige Musikindustrie gekonnt aufmischten und Rock, Beat und Rhythm & Blues, was dann alles im neuen Begriff der Popmusik zusammenfloss. Sie machten lange Haare für Männer und lockere, schrille Kleidungsmoden für beide Geschlechter salonfähig. Willig ebneten die stockkonservativen Medien – das Schwarzweiß-Fernsehen hielt damals gerade langsam Einzug in die Wohnzimmer – Räume für diese »Verrücktheiten«.

3 Vgl. Ferdinand Avenarius: Das fröhliche Buch. Aus deutscher Dichter und Maler Kunst gesammelt von Ferdinand Avenarius. Mit einem Nachwort von Karl Kollmann. München, Matthes & Seitz, 1977.

4 Kersten Knipp: Die Kommune der Faschisten. Gabriele D'Annunzio, die Republik von Fiume und die Extreme des 20. Jahrhunderts. Konrad Theiss-Verlag, Darmstadt 2019.

Die Jüngeren in den 1960er-Jahren hatten es jedoch schwer, wenn sie rebellisch wurden. Aufsässigkeit in der Schule und im Studium, bei der Haarlänge, der Bekleidung, der Musik führte rasch zu Widerstand von Lehrern, Professoren, Assistenten, Eltern, Nachbarn, sowie den anderen braven und angepasst gebliebenen Jugendlichen. Aber immerhin, es gab Gleichgesinnte, Peer Groups und vor allem einige Zeitschriften und Bücher, die jene anderen, neuen, alternativen kulturellen Erscheinungen für gut fanden. »Twen« »pardon« und »konkret« waren dabei so etwas wie die deutschsprachigen Leitzeitschriften der 1960er Jahre. Die erste mehr lebensstilprägend, kulturell und ästhetisch ausgerichtet, die anderen beiden dezidiert links und mit eigenem deutschen Humorverständnis ausgestattet. Das US-amerikanische Satire-Magazin MAD (das übrigens wegen der pathologischen Empfindsamkeiten der gegenwärtigen amerikanischen linksliberalen Jugend mittlerweile eingestellt wurde) war dabei wohl ein gewisses Vorbild, ebenso die aus den USA importierte Pop Art, etwa Andy Warhol, Roy Lichtenstein und viele andere. All das fand rasch Anklang und Verbreitung. Man darf aber die dezidierte Jugendzeitschrift »Bravo« für die angepassten Jungen nicht vergessen. Immerhin wurde sie von fortschrittlicheren Eltern ihren Kindern gestattet. Dort gab es Informationen zu den gerade angesagten Bands, im Gegenzug zum Religionslehrer war da Selbstbefriedigung gewissermaßen erlaubt, eine erste Schiene von sexueller Liberalität tat sich auf.

Das langsame Aufbrechen der gesellschaftlichen Konventionen rund um die Sexualität, in erster Linie ihrer gesellschaftlichen Verdrängung, wurde eine tiefenwirksame Angelegenheit. Sexualität war von verlogenen Vorschriften, »sozialen Normen« gebändigt, zumindest im hellen Tageslicht. Im Dunklen, Geheimen, im Vernebelten, gab es – wie immer schon – alles, was sich dabei nur denken lässt. Pädophilie, Inzest, Missbrauch, Homosexualität, Masturbation, halt eben ziemlich dreist oder schön verborgen und, falls es bekannt wurde, straff autoritär abgewürgt. Mit Oswalt Kolle begann das dann in den 1960er-Jahren anders zu werden. Seine Beiträge in Zeitschriften, Büchern und Filmen enttabuisierten die Sexualität langsam, dazu kam die Antibabypille, also eine medizintechnische Form der Verhütung, gedacht für verheiratete Frauen.

Die »Halbstarken«

Der erste sexuelle Aufbruch begann in den 1950er-Jahren mit den »Halbstarken«. Rohe, ziemlich macho-artige männliche Jugendliche aus der Unterschicht, die sich an der Musik- und Kleidungskultur der dominanten Siegermacht des Zweiten Weltkriegs, den USA, ausrichteten. Rock ,n' Roll, amerikanische Getränke, passende Jugendbekleidung (Jeans, Lederjacke), Pomade im Haar. Zuschlagen, Krawall machen, Schlägereien, das Moped (zum Motorrad reichte es finanziell meist doch nicht) aufmotzen, Männlichkeitsritualen frönen, gern auch einmal kleinkriminell, das verstand sich als Protest gegen die allgegenwärtige deutsche und österreichische, bieder und brav, duckmäuserisch aufgestellte Nachkriegsgesellschaft. Das Aufheulenlassen und Hochdrehen der kleinen Motoren war wohl so etwas wie eine unbewusst versinnbildlichte Penisvergrößerung, aber das ist bis heute so, wenn einheimische und migrantische Prolls ihren BMW aufdrehen, übrigens machen das heute manche junge Frauen ebenso, eine moderne Art von Emanzipation. Und Sex war den Halbstarken wichtig, eher auf eine robuste, simple und oft brutale Art. Die Mädchen, die in diese Szene hineindrängten, warfen sich in

Petticoats, manche trugen nun die für Männer gedachten Jeans, und präsentierten beim Tanzen zum Rock ‚n' Roll gern sexuelle Posen. Auch das war eine Art von Protest gegen die biederen Eltern, gegen eine altbackene, verbissene Nachkriegsgesellschaft.

Die Medien (Radio, Fernsehen und Zeitungen) waren offiziell entsetzt über diese Halbstarken, berichteten aber trotzdem gern über Zwischenfälle. Das schuf kulturellen Raum – einen kleinen Freiraum. Diese Nachkriegsgesellschaft war geprägt vom erwähnten Duckmäusertum und einer von den Siegermächten indoktrinierten Schuldkultur der Mitteleuropäer.

Befreit werden hieß, dankbar dafür sein, sich in den mitteleuropäischen Städten niederbomben haben zu lassen. Die linksgrüne Mercedes Reichstein verhöhnte im Februar 2014 in Dresden mit nackten Brüsten die damaligen Opfer mit dem Spruch: »Bomber Harris do it again«. 1945 befahl Harris die Bombardierung der Stadt Dresden, bei der 25.000 Menschen starben.[5] Jene Schuldkultur hält übrigens bis heute nach – Deutsche (und vielleicht weniger ausgeprägt Österreicher) müssen sich bis in die Gegenwart für Adolf Hitler und den Nationalsozialismus und das für immer schuldhaft fühlen. Für den deutschen und den österreichischen Kaiser, die 35 Jahre zuvor Millionen Menschen kriegstechnisch ermorden haben lassen, gilt dies übrigens bei weitem nicht in dieser Strenge, die werden eher herzerwärmend verehrt oder nostalgisiert. Das hat jetzt nichts mit Relativierung zu tun, wie vielleicht einige Leser einwenden mögen, nein, es zeigt nur eine ziemliche Asymmetrie im kulturellen Gedächtnis der Gegenwart.

Diese Asymmetrie im kulturellen Gedächtnis betraf besonders den verlorenen Krieg. Im Verständnis vieler Menschen war das

5 Focus online, 21. 1. 2015, https://www.focus.de/politik/deutschland/bomber-harris-do-it-again-dieser-nackt-protest-gegen-pegida-schockt-dresden_id_4420184.html .

Ende keine Befreiung, sondern naturgemäß ein gravierender Verlust. »So wurde etwa die amerikanische Besatzung, anders als in der rückwirkenden heutigen Betrachtung, nicht als Befreiung, sondern als Bestrafung empfunden.«[6] Was sollte Besatzung anderes sein als Bestrafung? Die Rede von der Befreiung war für viele eine aufgezwungene Sprachfigur der herrschen Klasse und der Besatzungsmächte, Propaganda eben. Seit 75 Jahren ist hier niemandem was Besseres, Verträglicheres eingefallen, als Niederlage mit Befreiung zu etikettieren.

Kleine, widerspenstige Gruppen

Die Halbstarken, das waren – wie später die 68er-Leute – kleinere Gruppierungen, insgesamt vielleicht 4, 5 bis maximal 10 Prozent der Jungen, mit den Sympathisanten dann vielleicht doppelt so viele. In einer Gruppe Gleichgesinnter zu sein, war dabei ganz wichtig, denn das brachte Sicherheit, gewissermaßen Gegenidentität. Alleine tut man sich ja immer sehr schwer und gibt meist auf, passt sich notgedrungen an. Daneben gab es damals im studentischen Milieu noch die Existentialisten als modische Erscheinung. Leserinnen und Leser von Jean-Paul Sartre und Simone de Beauvoir. Meist eher schüchterne, zurückhaltende Weltendenker, gern eher unauffällig auffällig gekleidet, oft Einzelgänger. Optimal als optisches Signal war ein schwarzer Blazer mit rotem Futterstoff, oder ein schwarzer Rollkragenpullover. Von vornherein waren sie die Verlierer bzw. Verächter der in Mitteleuropa Ende der 1950er-, Anfang der 1960er-Jahre sich entwickelnden Konsumgesellschaft.

6 Cornelia Koppetsch: Die Gesellschaft des Zorns. Rechtspopulismus im globalen Zeitalter. Transcript-Verlag, Bielefeld, 2019, S 250.

Bei der großen Mehrheit der braven jungen Leute hingegen herrschte betuliche Normalität: für die Mädchen erste spezielle Mädchenmode von der Textilindustrie, den Pony als unverdorbene Alternative zur Lockenwickler-Frisur der Mama, für die Burschen dann vor allem Technikbegeisterung (selbst ein Radio bauen) und mitunter ein braves (Nichthalbstarken-)Moped und gemeinsame Hobbies mit dem Papa. Angepasst, ordentlich und an unverdorbenen Freizeitvergnügen interessiert. Gelegentlich ein kleiner Rausch, aber sonst gut integriert ins wirtschaftliche und soziale Leben.

Aber selbst in den traditionellen Milieus brach sich ein neuer, luftiger Lebensstil Bahn. Das illustriert ganz gut die 1968 in die Kinos gekommene Komödie »Zur Sache, Schätzchen«, die am Anfang der Karriere der Schauspielerin Uschi Glas stand. Es gab damit, dies belegt der Film, nun eine lockere, unverbindliche, lässige zweite Welt neben dem ernsthaften, spießigen Klein- und Großbürgertum, das von kitschigen Gesangstars wie Roy Black und schnulzig singenden Kindern wie Heintje angetan war. Eine Mitte zwischen demonstrierender studentischer APO, Gammlern und Hippies und der arbeitsweltdominierten grauen Normalität plus buntem Konsumvergnügen.

Die Halbstarken-Subkultur war insofern für die späteren Ereignisse wichtig, als durch sie andere Musik (»Negermusik«), andere Bekleidung, Haartracht (Pomade), auch Krawalle, also Widerstand gesellschaftlichen Platz fand, langsam akzeptiert werden musste. Das war nach dem Zweiten Weltkrieg und seinem angepassten kulturellen Klima des öffentlichen Bravseins eine erste Art von Selbstermächtigung durch Anderssein, durch Gegenkultur und Außenseitertum. Neuerungen sind möglich.

Die 1950er- und 1960er-Jahre waren noch voller alter Strähnen der Nazikultur: Rhetorik und Mimik von Politikerreden blieben aus der alten Ära, der hierarchisch-autoritäre Gestus ebenso, dafür braucht man sich nur alte Wochenschau-Beiträge anzusehen.[7] Die Eliten waren nun umetikettiert und mit Schuldbrimborium auf Wunsch der Siegermächte koloriert. Man darf sich hier keinen Illusionen hingeben und hinter den Schönsprech schauen. Die alten Nazis saßen überall drinnen, in den Einrichtungen des Staates, der Justiz, der Verwaltung, in den Universitäten und linke wie konservative Parteien sprachen in der gleichen Tonart, genauso pathetisch wie in alten nationalsozialistischen Zeiten, um Wähler zu gewinnen.

Politische, wirtschaftliche und soziale Verhältnisse in den 1960er-Jahren

Für das Entstehen und den Ausbruch der 68er-Rebellion war natürlich nicht ein bestimmter einzelner Grund verantwortlich, sondern es handelte sich um ein Zusammentreffen vieler an sich kleinerer sozialer und kultureller, sowie größerer geopolitischer Veränderungen, die den jungen Leuten ein Abschütteln der vorgegebenen Verhältnisse, eine Art Befreiung also, möglich machten.

Wirtschaftlicher Aufschwung nach dem Krieg

Die goldenen Wirtschaftswunderjahre, ein rasch zunehmendes Güterangebot, schon ein paar Jahre nach dem Krieg, die Konsumgesellschaft in Mitteleuropa startet durch. Vollbeschäftigung, Arbeitskräftemangel, man holte Gastarbeiter aus Italien,

7 Die Wochenschau lief in den Kinos vor dem Hauptfilm und war eine Art von zehnminütiger Zusammenfassung der Nachrichten für Nichtleser von Tageszeitungen – Fernsehen gab es nicht oder nur in wenigen Haushalten.

Griechenland und später der Türkei, um den Arbeitskraftbedarf der florierenden Wirtschaft zu befriedigen. Die Löhne stiegen deutlich. Eine sogenannte Fresswelle begann, dann kam die Einrichtungswelle, die Autowelle und schließlich boomten die Urlaube nach Italien, ans Meer. Der Einfamilienhausbau in den Vorstädten und städtischen Umlandlagen, also die Zersiedelung des Umlands der Städte begann.

Konnte sich in den Wirtschaftswunderjahren ein Facharbeiter mit nichtberufstätiger Ehefrau und zwei Kindern ein Auto und ein mit Schwarzarbeit (Nachbarschaftshilfe wurde von den Steuerbehörden weitgehend toleriert und Wohneigentum war damals politisch gefördert) errichtetes Häuschen im Grünen leisten, so war später mit berufstätiger Frau auch der jährliche Adriaurlaub möglich. Frauen wurden gewissermaßen in die Erwerbsarbeit hineingesogen, es herrschte ja Arbeitskräftemangel. Und die Konsumverlockungen waren ein intensiver Motor. Zu jenen Zeiten war die heute gängige Teilzeitarbeit gänzlich unbekannt, aber in vielen Branchen hörte jetzt die Samstagarbeit auf, die Fünftagewoche mit ihren 40 wöchentlichen Arbeitsstunden begann und wurde dominant (ausgenommen in der Industrieproduktion mit Schichtarbeit). Die Gewerkschaften hatten diesen Fortschritt erkämpft.

Was heute unvorstellbar ist, war damals normal. Kinder spielten in ihrer Freizeit auf den Straßen und auf Grundstücken, die noch vom Krieg gezeichnet waren; in den Städten dann auf Plätzen, in Seitenstraßen oder man machte Kaufhäuser unsicher. Immer in kleinen Gruppen, und völlig unbeaufsichtigt – wenn das Wetter passte, waren Kinder bis zur Abenddämmerung im Freien. Alles zu Fuß, mit selbsterdachten Rollenspielen, schön, wenn man Kleingeld für ein paar Zuckerln hatte. Übrigens, im Sport, etwa im Fußball oder beim Schifahren, gab es nur Amateure – keinen Profisport, keine auf Profit getrimmten Fußball-AGs. Spielübertragungen im Radio hielten nahezu die ganze Nation im Bann. Die Spieler hatten einen Brotberuf und trainierten nur in der Freizeit.

Für die Jungen wurde es langsam selbstverständlich, ein eigenes batteriebetriebenes Transistorradio zu besitzen, den konnte man überall mitnehmen. Meist gab es jetzt einen Plattenspieler zu Hause, allerdings waren Schallplatten sehr teuer. Dieses Problem löste sich, als Philips 1963 einen batteriebetriebenen Kassettenrecorder und die zugehörige Compact-Cassette vorstellte. Damit konnten Schallplatten preiswert vervielfältigt werden und es ließ sich überdies Musik aus dem Radio aufnehmen.

Technischer Fortschritt

Das zügige Wirtschaftswachstum war mit technischem Fortschritt verknüpft, der weitgehend unkritisch gesehen, ja als sensationelle Entdeckung gefeiert wurde. In den 1960er-Jahren schoss die Sowjetunion die ersten Menschen ins Weltall, ein paar Jahre später, 1969, landeten die USA dann die ersten Menschen auf dem Mond. Nicht nur die atomare Aufrüstung war gnadenlos, in allen technischen Bereichen glühte eine technische Entwicklungsgier. Farbfernsehen kam in den Markt und verbreitete sich rasant. Die ersten elektronischen Taschenrechner waren zu kaufen. Kugelkopfschreibmaschinen verbreiteten sich, preiswerte und gute Druckverfahren kamen auf (Kleinoffsetdruckmaschinen). Stereoanlagen für die Musikwiedergabe waren von der ganzen Familie begehrt und die portablen Transistorradios wurden immer kleiner.

Politische Erstarrung, unruhige Zeiten

Zwar war 1963 die lähmende Ära des deutschen Langzeit-Bundeskanzlers Konrad Adenauer (CDU) zu Ende gegangen, was jedoch nicht zu einer Auflösung der Verkrustung, der Starrheit der Politik in Deutschland führte. Überhaupt, ganz Mitteleuropa schien festgefroren und erstickt in einem politischen Ritualismus. Und der DDR-Mauerbau im Jahr 1961 führte zu noch mehr Unbeweglichkeit. Kalter Krieg zwischen dem USA-dominierten Westen und den sozialistischen (kommunistischen) Volksrepubliken des Ostblocks, angeführt von der UdSSR (Sowjetunion), dazu der heimliche, dann offizielle Krieg der USA gegen Nordvietnam, die Bedrohung durch immer größer werdende Atomwaffenarsenale der zwei Supermächte – das waren tatsächlich recht frostige und undurchschaubare Verhältnisse. In der Kuba-Krise waren dann die zwei Supermächte USA und UdSSR einem Atomkrieg sehr nahe. Der sogenannte »Prager Frühling« – eine rasante liberal-reformkommunistische Entwicklung in der Tschechoslowakei, die seit dem Frühling 1968 in Richtung mehr Liberalität führte und deutlich von alternativen kulturellen Verständnissen getragen war – wurde schließlich durch die sowjetische Besatzung des Landes und eine geschickt inszenierte Restauration des alten Systems niedergeschlagen.

In den USA herrschten ebenso raue und unruhige Zeiten. So wurde der zu einer Gallionsfigur von Demokratie und Aufbruch stilisierte Präsident John F. Kennedy 1963 ermordet, später sein Bruder Robert F. Kennedy. Der schwarze US-Bürgerrechtler Martin Luther King fiel ebenso einem Attentat zum Opfer wie einige Jahre vorher der militante schwarze Malcolm X. In Südamerika wurde Che Guevara, einer der Helden der kubanischen

Revolution, erschossen, in Berlin (West) bei einer Anti-Schah-Demonstration (der Schah war ein sich mit Hilfe der USA an die Macht geputscht habender selbsternannter Kaiser des Iran) der Student Benno Ohnsorg. Ein Jahr darauf wurde der linke Berliner Studentenführer Rudi Dutschke, eine charismatische Gestalt der APO (Außerparlamentarische Opposition), angeschossen und überlebte mit viel Glück.

Autoritäre »Parteiendemokratie«

In den nationalen Politiken der mitteleuropäischen Länder herrschte damals eine rigide, autoritäre Parteiendemokratie, die durch zwei große und unbewegliche Lager geprägt war: Sozialdemokraten und Christlich-Konservative. Die Parteien selbst und ihre immer mehr werdenden Vorfeldeinrichtungen waren hierarchisch durchverwalte Organisationen, die auf Zuruf zu funktionieren hatten, ähnlich wie es bei den Nazis oder im Kommunismus war. Der Zwangscharakter, der dem allen innewohnte, schlug sich bis in die Wählerbasis fort, in bürgerlichen, »schwarzen« Familien wählten alle schwarz, in »roten«, proletarischen Familien alle rot. Gut, vielleicht leisteten sich manche in der Wahlzelle einen ganz privaten Widerstand dagegen. Die Presse hetzte in faschistoider und oft niederträchtiger Art und Weise gegen die linke studentische Bewegung, übernahm dann aber langsam einen liberaleren Zugang zu Fragen der Sexualität und alternativer Moden.

Die Aufarbeitung der Nazivergangenheit war ziemlich verschleppt worden, gleichzeitig wurde volksbildnerisch in Funk, Fernsehen, Zeitungen und Büchern die Zeit des Nationalsozialismus und insbesondere der Holocaust, also die systematische

Ermordung der Juden, als ewige Schuld der Deutschen beschworen. In Österreich fühlte man sich zu jenen Zeiten übrigens eher als deutsches Opfer, denn als einst mitgewirkt habende Täter, eine jahrzehntelang bewahrte und ziemlich miserable ideologische Strategie übrigens.

Sozialstruktur – noch immer Klassengesellschaft?

Der Lebensalltag in den 1950er- und 1960er-Jahren blieb von Klassenverhältnissen geprägt. Pierre Bourdieus »feine Unterschiede« galten vor allem innerhalb einer Klasse, zwischen diesen wurden schwer überwindbare Differenzierungen gehandhabt. Und: fürs Erste blieb das allseits akzeptiert. Vor der 68er-Jugendrebellion war es für einen Unterschicht-Burschen unmöglich, mit einem gehobenen Mittelklasse-Mädchen »zu gehen«, wie man damals eine sich anbahnende und fortsetzende Beziehung nannte. Die Klassengrenzen zeigten sich an der Wohnsituation, beim Auto, bei der Kleidung, den Freizeitformen und in der gesprochenen Alltagssprache. Reiten gingen die Kinder und Jugendlichen der oberen Mittelklasse und der Oberschicht, ebenso Tennisspielen. Das war neben der Geldfrage, die für Freizeitaktivitäten natürlich eine entscheidende Rolle spielt, auch eine der abgrenzenden, klassenspezifischen Verhaltensweisen. Die Unterschicht ging Fußball schauen und deren Kinder spielten auf einem freien Platz denselben Sport, also Fußball. Und man konnte die Menschen anhand ihrer Sprache, der Hygiene, ihrer Bekleidung und den Orten, an denen sie sich aufhielten, natürlich leicht zuordnen. Sowohl die Unterschicht- wie die Mittelschicht-Jugendlichen konnten das, allen waren die größeren und die kleineren Klassenunterschiede gut vertraut.

Schichten statt Klassen

Mit dem in Mitteleuropa zustande gekommenen Wirtschaftswachstum und der Konsumgesellschaft in den 1960er-Jahren begannen allerdings die alten Klassengrenzen langsam aufzuweichen – die Soziologie arbeitete statt mit dem rigiden und bejahrten Klassenbegriff nun mit dem neuen und durchlässigen Begriff der »Schichten«. Und tatsächlich war da Bewegung in die Welt gekommen. Arbeitereltern, die ihrem Kind einen sozialen Aufstieg ermöglichen wollten, schickten es aufs Gymnasium, mühten sich mit seinem Schulerfolg ab und einige durften dann sogar an einer Universität studieren. Natürlich war es für diese Eltern und deren Kinder schwerer als für die Mittelschicht. Nicht nur, da Bildung Geld und Zeit kostete, sondern da Ehrgeiz notwendig war. Bildungsbeflissenheit war keine Selbstverständlichkeit, dazu musste die Überzeugung kommen, dass sozialer Aufstieg langfristig möglich war und das eigene Kind es besser haben konnte. Diese optimistische Perspektive hatte ihren Ausgangspunkt in der sozialdemokratischen Arbeiterbildung der Zwischenkriegszeit. Dahinter stand die Gewissheit, auch die Benachteiligten hätten Anspruch auf die sogenannte Hochkultur, die intellektuellen Welterklärungen, sowie die bildende Kunst.

Tatsächlich waren in den 1960er- und 1970er-Jahren Kinder aus einfachen Verhältnissen eine Minderheit an den Universitäten, daran hat sich bis heute nichts Wesentliches geändert. Eines hat sich allerdings getan: Mädchen waren damals ebenfalls eine Minderheit an den hohen Schulen, heute sind sie fast genauso stark vertreten (Deutschland), bzw. mit 54 Prozent in der Mehrheit (Österreich).[8]

8 Statista.de: Frauenanteile an Hochschulen in Deutschland nach akademischer Laufbahn im Jahr 2017, https://de.statista.com/statistik/daten/studie/249318/umfrage/frauenanteile-an-hochschulen-in-deutschland/; Statistik Austria: Studierende in Österreich

Eine alternative Kultur wäre notwendig

Die jüngere Geschichte blieb stets zugedeckt, da wollte niemand darüber reden. Ebenso unpassend war es, die wenig ruhmreiche religiöse Vergangenheit anzusprechen. Den Dreißigjährigen Krieg, die Hexenverbrennungen, überhaupt die brutale und unselige Abfolge von Gemetzel und Kriegen in Europa und in den Kolonien der Europäer. Die Kultur der Zukunft sollte in Anbetracht dieser katastrophalen Vergangenheit und der Möglichkeiten, die Menschen haben, eine gänzlich andere sein: friedlich, freundlich, individualistisch, frei, tolerant und ohne viel an Belehrung und Vorschriften.

Zur Ablehnung der blutigen Vergangenheit gehörte die Absage an die Tradition, also an Heimattümelei, Brauchtum und Biederkeit; sie gaben bevorzugte Angriffsflächen ab. Das alles war verzopft, dämlich, zurückgeblieben und alt, mit einem Wort: es war zu überwinden. Und die Alternativen waren schon da: als Beatnik oder Hippie leben, zumindest Anleihen daraus nehmen. Deren Lebensstilalternative war nicht sozialistisch oder kommunistisch, sondern im genuinen Sinn anarchistisch: ohne Hierarchie, Unterdrückung und Herrschaft, ohne Militär (»Make Love Not War«), ohne automatische und vorab etikettierte Klasseneinteilungen, Rassenunterschiede und Konsumzwänge, wie sie die Elterngeneration und die Generationen davor deformiert hatten.

Vielfalt und Neudefinition von Kunst

Die alternative Bandbreite war groß. Von Drogen bis hin zu Encounter, Esoterik und schrägen ästhetischen Erfahrungen, wie

2015/16 - 2017/18, https://www.statistik.at/web_de/statistiken/menschen_und_gesellschaft/bildung_und_kultur/formales_bildungswesen/universitaeten_studium/021630.html.

Fluxus und Happening als neue Aktionskunst-Formen. Kunst wurde gewissermaßen »auf den Kopf gestellt«. Nicht mehr das Tafelbild war Kunst, sondern eine Party, bei welcher der Künstler ein Stichwortgeber war. Statt schöner Dinge gab es nun Performances, Aufführungen von Künstlern, Installationen in Räumen oder in der Natur (Land Art), ähnlich den Ready Mades der Dada-Zeit Anfang des 20. Jahrhunderts.

Viele andere Alltagsgegenstände wurden jetzt zum Kunstwerk erhoben, das dann Andy Warhol seriell zu produzieren begann. Als Concept Art brauchte das Kunstwerk gar nicht mehr hergestellt, sondern nur mehr beschrieben werden. Ganz bedeutsam: Jeder Mensch konnte Künstler sein, wie das der deutsche Aktionskünstler Joseph Beuys formuliert hatte, Kunst wurde definiert vom Subjekt, das sich ästhetisch ausdrückt – nicht von den Wahrnehmungsnormen einer überkommenen Gesellschaft. Ähnlich war es in der zeitgenössischen Musik, als alternatives Markierzeichen hier etwa John Cage. Dazu kam, man konnte nun endlich die lange totgeschwiegenen, eliminierten Kunstformen aus dem Anfang des 20. Jahrhunderts entdecken: den nach rechts abdriftenden Futurismus, den linken, systemaufsprengen Dadaismus und seine Folgeerscheinung, den französischen Surrealismus, sowie dessen schrägen Überbau, den philosophischen Existentialismus (Jean-Paul Sartre). Der Alltagsfaschismus der Etablierten war nicht an diesen neuen Kunsterscheinungen interessiert, die Kommunisten und Sozialdemokraten waren es ebenfalls nicht. Wenn man zu den vorhin erwähnten neuen Kunstrichtungen noch den Wiener Aktionismus dazu nimmt und in der Literatur die Konkrete Poesie (eine Dada-Nachfolgeform) sowie Cut-Up, war damit allerdings das Ende der Entwicklung ästhetischer Ausdrucksweisen erreicht. Seit den 1970er-Jahren gibt es in der Kunst nichts wirklich Neues mehr, sondern nur mehr Wiederholungen. Und eine umfassende Zuwendung an den Markt, also an wirtschaftliche Verwertungsmechanismen. Aus Kunst ist vielfach hochpreisiges Kunstgewerbe geworden.[9]

Zurück zu den 1960er-Jahren. Tatsächlich, es gab Einrichtungen wie das Esalen-Institut in Kalifornien, die mit ihrem neuen und weit offenen Verständnis ganz gut in den traditionellen nordamerikanischen und generell den angelsächsischen Universitäten verankert waren. Alle wichtigen alternativen Künstler traten dort in den 1960er-Jahren und später auf. Esoterische Praktiken wie Wilhelm Reichs Orgon-Methode und moderne Drogenchemie, wie die von Timothy Leary propagierten LSD-Erfahrungen, vermählten sich hier mit Pop- Beat-, Rock- und neuer Folkmusik. Eine bunte, irisierende, plurale und neue Alternativkultur. Rasch kam die zum Westen völlig konträr stehende Philosophie und Kultur des Zen-Buddhismus dazu. Und der Alltag: Mädchen und junge Frauen entdeckten ihre femininen und erotischen Freizügigkeiten und trugen immer kürzere Miniröcke, sowie ziemlich offene Blusen. Im Vergleich zum heutigen, oft tranig-behäbig, ungewaschenen und rotzigen Hipstertum und Feminismus waren das tatsächlich offene, freie, feminin-goldene Zeiten, die sich anzubahnen schienen.[10]

Wo es um Hierarchielosigkeit geht, um Individualität und Freiheit, musste auch der als urfaschistisch erlebte soziale Druck, der Gruppendruck eliminiert werden. Die Erziehung der Kinder hätte nach neuen, anderen Grundsätzen ablaufen sollen. Erste Kinderläden und Schülerläden wurden Ende der 1960er-Jahre

9 Kolja Reichert: Der Staubsauereffekt. in: FAZ Quarterly, 13. 6. 2019, https://www.faz.net/aktuell/stil/quarterly/eine-reise-durch-das-oekosystem-der-kunst-16227481.html#void

10 Vgl. Karl Kollmann: ausgeschrieben. Augsburg, Maro Verlag, 2011.

in Deutschland gegründet. Sie waren als Alternative zu den Staatsanstalten gedacht, in denen Kinder eben staatskonform und autoritär, zu braven Menschen abgerichtet werden. Diese Alternativen sollten hierarchielos, genossenschaftlich, nach gruppendemokratischen Spielregeln betrieben sein, Kinder sollten ohne autoritären Zwang, ohne gesellschaftlich normierter Formation sich entwickeln können. Die antiautoritäre Pädagogik der 1960er Jahre entdeckte damit die Reformpädagogik der 1920er-Jahre neu[11], der Besuch des Unterrichts war dort den Kindern freigestellt, Lehrer und Kinder begegneten sich auf gleicher Augenhöhe, sie waren gleichberechtigt. Zumindest dem theoretischen Anspruch nach.

Aufbegehren funktioniert

Widerstand und Aufbegehren lassen sich machen und durchsetzen – das war die Lehre, die unzufriedene Studenten und junge Künstler aus der sonst ziemlich verachteten proletarischen Halbstarken-Kultur ziehen konnten. Widerstand funktioniert und man kann sich mit den Ordnungshütern schon einmal einen kleinen Straßenkrawall liefern. Dabei wird man nicht gleich erschossen, kommt vielleicht sogar in der Zeitung vor, also in der festgeschriebenen, kondensierten Realität der Medien. Und: an nahezu allen Problemen, selbst den eigenen Unzulänglichkeiten, war nun die Gesellschaft schuld. Das schien eine neue Emanzipation von Autoritäten, psychoanalytisch von der Vaterfigur, die dem Kind gegenüber die Außenwelt, die Zivilisation, die Gesellschaft und ihr Realitätsprinzip repräsentiert. Das ist schon ein sagenhaftes

11 Eine der Lichtgestalten dafür war Alexander S. Neill: Theorie und Praxis der antiautoritären Erziehung. Das Beispiel Summerhill. Rowohlt, Reinbek 1969.

und einen selbst eminent befreiendes Argumentationsmodell: War man mit der Schule unzufrieden, fand einer keine passende Freundin, hatte die Familie kein Auto, war der Alltag öde und fad, konnte man für das alles »die Gesellschaft« und nebenher natürlich noch die eigenen Eltern verantwortlich machen. Man brauchte nicht mehr sich selbst in eine Verantwortung zu nehmen. Ist natürlich sehr kindlich, wenn man hinfällt, sich weh tut und es schmerzt, dafür der Gesellschaft oder den Eltern die Schuld zu geben. Wir werden später noch darauf zurückkommen, denn heute argumentiert das neue linksliberale Mittelschichtmilieu wieder genau nach diesem Muster.

Aber zurück zu den Veränderungen. Es war eine unwahrscheinlich gelungene Wende, die sich ab den 1960er-Jahren für einen kleineren Teil der Jugend anbahnte. Die Musik hatte sich verändert, neue sagenhafte Konsumgüter waren erhältlich, in der Literatur gab es neue Impulse (Jack Kerouac, Allen Ginsberg, Peter Handke, Konkrete Poesie), in der Kunst tat sich Unerhörtes (Wiener Aktionismus, die »Uni-Ferkelei«), sie war endlich ent-ernstet.

Bewusstseinserweiternde Drogen kamen ebenfalls auf (Haschisch, LSD) und waren in jeder größeren Stadt mühelos erhältlich. Die Sexualität wurde von Teilen der Gesellschaft endlich als erlaubt beschrieben[12], gegen Autoritäten konnte man mehr oder weniger ungestraft aufbegehren und gegen die USA demonstrieren. Das Establishment wurde als autoritäres Gesindel entlarvt, die wirtschaftlichen bzw. sozialen Ungerechtigkeiten wurden erkannt und benannt. Es ließen sich eigene alternative Zeitschriften auf die Beine stellen (Ende der 1960er-Jahre gab

12 Hier war bahnbrechend Günter Amendt: Sexfront, Frankfurt, März Verlag 1970.

es einen Wachstumsschub der Alternativmedien in gedruckter Form, eine wahre Zeitschriftenblüte ohne irgendeine öffentliche Förderung, auf diese Idee kam man erst gar nicht), das ganze System konnte nun infrage gestellt werden.

Solidarität bei den »Alternativen«

Was ganz wesentlich war: es gab so etwas wie eine themenübergreifende Sympathie bei alternativen jungen Menschen. Selbst die eher politischen Leute hatten gelegentlich Spaß an alternativer Literatur, alternative Jungkünstler waren bei politischen Tumulten und Sit-ins gern dabei, Haschisch interessierte nun auch die Linksrenegaten der Jugend- und Studentenverbände, die Beat- und Popmusik gefiel zusehends den angepassten bürgerlichen Jungen, Sex war ohnedies mehr oder weniger explizites Thema für alle. Diese alternative Jugend- und Twen-Subkultur bildete sich in den urbanen Zentren und entstand im Wesentlichen aus der Mittelschicht und dem bildungsaffinen Teil der (oberen) Unterschicht. Am Land und in Kleinstädten gab es sie praktisch nicht, ebenso wenig im traditionellen Arbeitermilieu und auch nicht bei der insgesamt schmalen Besitzaristokratie der Oberschicht. Die Kinder der Wohlhabenden bekamen schon damals – wir sind in den 1960er-Jahren – mit 18 einen BMW und begannen Kinder anderer Wohlhabender flachzulegen und sich anderen Oberschicht-Amüsements hinzugeben.

Auf dem Land hingegen war die soziale Kontrolle sehr ausgeprägt, das verhindert Abweichung und Konfrontation mit dem System nachhaltig.

Stadtluft macht frei

Für das Entstehen der 68er-Subkultur waren drei Dinge notwendig. Als äußerer Umstand ein Lebensraum mit geringer sozialer Kontrolle, sowie der Chance, ähnliche Typen, Gleichgesinnte zu treffen, man musste also in einer großen Stadt[13] leben. Dann, als innerer, von der Person her kommender Grund, eine ausgeprägte Unzufriedenheit mit den bestehenden Verhältnissen. Und als weitere Bedingung müsste eine große Neugier auf alternative Dinge vorhanden sein sowie die Fähigkeit, sich genau danach umsehen zu können. Verfügte man nicht über diese Randbedingungen und sah sich in beengenden Verhältnissen, dann führte Unzufriedenheit wohl eher zu depressiven Verstimmungen, zu Verzweiflung, zu jugendlichem Selbstmord oder eben zur klassischen zivilisatorischen Anpassung, zur Aufgabe der Rebellion, wie sie etwa Sigmund Freud eingängig erörtert hat.[14]

Übrigens: Neugier und Geschicklichkeit im Entdecken lernt man als Nebenprodukt gehobener schulischer und vor allem elterlicher Bildungsbemühungen, mit Fremdsprache und den schulisch aufgetragenen Zwangsdechiffrierungen, Interpretationen von klassischer Literatur; ebenso mit vielen unterschiedlichen, also guten und schlechten Lehrern. An sich müsste man an dieser Stelle das Lob des schlechten Lehrers singen, den moderne, dumme Helikoptereltern oft und mitunter sadistisch-gehässig zu eliminieren versuchen. Sie verhindern damit zuverlässig die Erfahrungsbildung ihres Kindes, das Schwarz kennen muss, um

13 Simmel hat die Vorteile und Nachteile der Großstadt schon früh und prägnant beschrieben. Georg Simmel: Die Großstädte und das Geistesleben. (1903), Frankfurt am Main 2006.

14 Sigmund Freud: Das Unbehagen in der Kultur. Stuttgart, Reclam 2010 (Original 1930).

Weiß überhaupt erkennen und schätzen zu können. Soviel Dialektik ist selbst für die simpelste Welterfahrungen zwangsläufig notwendig.

2 Der Zerfall kam dann doch schnell

Die lockere Sympathie und Solidarität zwischen den verschiedenen Strömungen, oder sagen wir: den Neigungsgruppen dieser 68er-Bewegung, zerfiel allerdings dann ziemlich schnell. Anfang der 1970er-Jahre war langsam das Ende des Gemeinsamen erreicht. Die politischen Fraktionen der »Neuen Linken« atomisierten sich schnell durch Teilung in immer kleinere elitäre Gruppen, die wütend und gehässig die anderen Kleingruppen bekämpften; wesentlich heftiger als den »Klassenfeind« übrigens. Das ist ja ein Dilemma linker Politik, sie wird nahezu immer rasch religiös, und wenn Linke umfänglich an der Macht sind, wie sie das damals etwa in der Sowjetunion oder der DDR waren, geht das entweder blutig oder diktatorisch ab.

Schon zuvor schon war eine langsam zunehmende Aversion bei den künstlerisch-ästhetischen und den neue Lebensformen suchenden »Alternativen« gegen jene politische Neue Linke zu bemerken. Die Zwanghaftigkeit, Selbstgefälligkeit, eine Kopflastigkeit und sich herausbildende Gruppenidentität, eine zunehmend eindimensionaler werdende Gruppenideologie, gefiel den »ästhetisch orientierten Fraktionen« nicht. Die Gruppenzwänge und Intoleranzen der politischen Grüppchen wurden mehr. In einem einfachen Schema gesprochen, die Künstlerischen waren liberaler und individualistischer, die Politischen galten eher als halsstarrige Zwangsneurotiker.

Jene wollten keine alten Gefängnisse gegen neue eintauschen, die anderen jedoch ihre an sich traditionellen, biederen systemverändernden Vorstellungen durchsetzen, selbst wenn alle Zeichen der Zeit dagegen standen. Zur Erinnerung: die Konsumgesellschaft befand sich im ungehemmten Weiterblühen, die großen Mehrheiten der mitteleuropäischen Bevölkerungen waren weitgehend zufrieden und satt, politisch mit heute unvorstellbaren Mehrheiten von mehr als 80, 90 Prozent auf die zwei Systemparteien – Sozialdemokraten und Christlich-Konservative – eingeschworen. Dazu kam, dass die eigene politische Gefolgschaft weitgehend an den Partner und die braven, nichtrebellischen Kinder (sozial) vererbt wurde.

Der Zerfall der kritischen politischen Linken, der APO (außerparlamentarische Opposition) der 1960er-Jahre führte zu unguten Erscheinungen. Die deutsche, dezidiert friedliche »Ostermarschbewegung«, die Ende der 1960er-Jahre Hunderttausende für Weltfrieden, gegen Wettrüsten und Militarismus, ebenso gegen die zivile Nutzung der Atomkraft zu mobilisieren imstande war, zerfiel schnell. Demgegenüber entstand eine kleine, sich radikalisierende Gruppe Linker, die mit terroristischen Mitteln den Kapitalismus bekämpfen wollte, die RAF (Rote Armee Fraktion).

Derartig radikale Gruppen hat es übrigens immer gegeben, auch während der Weimarer und der Ersten Republik in Deutschland bzw. Österreich. Und abhängig vom dominanten Narrativ der Betrachtung, also der öffentlich bestehenden Erklär- oder Erzählrichtung in einer Kultur, werden sie Freiheitskämpfer oder eben Terroristen genannt. Soviel Ehrlichkeit sollte bei diesem Phänomen schon gelten.

Sexuelle Liberalisierung wurde langsam zum Mainstream

Vor allem die sexuelle Liberalisierung kam langsam in der Gesellschaft an. Anfang der 1970er-Jahre mobilisierten die

Frauenbewegung (Feministinnen) und die Sozialdemokraten für die Straffreiheit des Schwangerschaftsabbruchs (Abtreibung), letztere auch für die Straffreiheit von Homosexualität. Sexspielzeug, Pornohefte und Pornofilme in speziellen Kinos und später dann im Super-8-Format für zu Hause, gab es ab Mitte der 1970er-Jahre zu kaufen. Die »Schulmädchen-Report«-Filme im Kino hatten offenbar ein großes Tor für sexuelle Liberalisierung aufgestoßen, und eine auf Konsum getrimmte Gesellschaft konnte im Gegenzug den zivilisatorischen Druck auf die Sublimierung des Sexuellen mindern, gewissermaßen den Sex freigeben.

Herbert Marcuse beschrieb dies als »repressive Entsublimierung«.[15] Sexualität wird nicht mehr tabuisiert oder gesellschaftlich streng geregelt, das braucht es nicht mehr, da es mittlerweile weit bessere, umfassendere und weicher, unbemerkter wirkende Normen und Zwänge gibt, die die Menschen in ihre Gesellschaft einpassen, nämlich die alles umfassenden Versprechungen des Konsums. Das funktioniert gut, da die meisten Menschen recht willig sind, den Versprechungen eines besseren Lebens, eines reichlicheren Wohlstands, von mehr Annehmlichkeiten und von höherem Genuss zu folgen.

War Sexualität in den 1960er-Jahren noch ein absolutes Tabu-Thema für christliche Kirchen, so gibt es heutzutage am Deutschen Evangelischen Kirchentag (2019) einen Workshop »Vulven malen«[16] und viele weitere Veranstaltungen zu Thema Sex. Selbstverständlich ist heute in den christlichen Kirchen das neue

15 Herbert Marcuse: Der eindimensionale Mensch. Frankfurt am Main 1967 ff. Karl Kollmann: Zur Aktualität Herbert Marcuses in der fortgeschrittenen Konsumgesellschaft, in: Michael-Burkhard Piorkowsky, Karl Kollmann (Hg.): Vergessene und verkannte Vordenker für eine Kritische Konsumtheorie. Beiträge aus Ökonomik, Soziologie und Philosophie. Schriftenreihe Kritische Verbraucherforschung 4. Springer, Wiesbaden 2019.

16 Deutscher Evangelischer Kirchentag: https://twitter.com/kirchentag_de/status/1141425890951409664.

linksliberale Gedankengut längst angekommen. Die kulturelle Trasse der 68er-Bewegung bricht sich Bahn. Die ökonomische Front bleibt ausgetrocknet, außer in altbekannten christlichen Formeln und exzessiver Migrationsbegeisterung. Umverteilung ist das (alte) neue Tabu, ähnlich wie der nahezu ubiquitäre sexuelle Missbrauch durch Kleriker, um das etwas sarkastisch zu sagen.

Fernsehen wurde fixer Bestandteil des Alltags für die Mehrheit der Bevölkerung. Zuerst noch in Schwarzweiß, dann in Farbe. Das war in Mitteleuropa eine staatliche Angelegenheit. Als öffentlich-rechtliches Medium ist das Fernsehen übrigens nach wie vor unter fester (partei)politischer Kontrolle. Fernsehen prägt die Alltagswirklichkeit der Menschen, und seit einigen Jahrzehnten gibt es dazu zusätzlich kommerzielles Privatfernsehen; in Deutschland seit 1984, in Österreich erst ab 2003. Die durchschnittliche Fernsehzeit beträgt im Jahr 2017 in Deutschland täglich 221 Minuten[17], sie ist kontinuierlich angestiegen und auch durch die verbreitete Internetnutzung nicht eingebrochen.

Interessant ist das für die vorhin erwähnte Perspektive, dass die Konsumwelt die Menschen wie ein Schleppnetz in Gesellschaft und Wirtschaft gefangen halte und es daher harscher sexueller und anderer moralischer Normen nicht mehr bedürfe. Medien orchestrieren und umhüllen die Konsumwelt durch die von ihnen transportierte Werbung und die ergänzenden redaktionellen Inhalte.

Alternative Kunst und Musik wurden integriert

Ähnlich war es mit der jahrelang angefeindeten Rock- und Popmusik und der bildenden Kunst. Die Pop Art hielt Einzug in den

17 für das Jahr 2017, für Österreich: 186 Minuten täglich. Die Zahlen für Deutschland: statista.com, für Österreich: orf.at.

Alltag der Museen, ebenso in Zeitschriften und auf Werbeplakaten. Selbst bei der lange sich dagegen sperrenden Landjugend wurden jetzt, denken wir an die 1970er-Jahre, die Beatles gehört, statt wie früher abgeschaltet. Muster und Motive aus der Konkreten Poesie waren in der Werbung (früher Reklame genannt) zu finden und ebenso Motive nach Roy Lichtenstein und seinen Kollegen. Bei den Wiener Aktionisten dauerte es etwas länger, da ihre Arbeiten und Aktivitäten wohl für die schnelle Adaption zu sperrig waren. Aber nach 30 Jahren wurde beispielsweise Herrmann Nitsch doch noch ein arrivierter und sammlungsfähiger Künstler. Aus Rebellion, aus alternativer Subkultur war langsam Mainstream geworden. Das zeigt die enorme adaptive Kraft der kapitalistischen Kulturindustrie und ihrer Märkte. Anpassung scheint eine zivilisatorische Errungenschaft zu sein.

Der Alltag holt die »Alternativen« ein

Die Jahre vor 1970 und rundherum hatten für die widerspenstigen Studenten und jungen Künstler, die ja meist Mittelschichtkinder waren und in einer wirtschaftlich prosperierenden Phase lebten, eine Art von Sabbatical-Charakter. Man konnte etwas bummeln und Auszeit schinden. Aber irgendwann schlug bei den meisten, wenn sie nicht besonders wohlhabende Eltern hatten, schließlich doch das Realitätsprinzip zu. Man musste was tun, sich mit der Lebensumwelt arrangieren, also das Studium abschließen, sich um einen Broterwerb umsehen. Wirtschaftlich war Vollbeschäftigung gegeben, man konnte damit relativ unbedarft Journalist werden, Mitarbeiter im Kulturbetrieb, mit abgeschlossenem Studium in die öffentliche Verwaltung gehen, als Lehrer in den Schulbetrieb eintreten, sich der traditionellen Politik andienen, vereinzelt auch die Sozialhilfe bemühen, da man sich krank fühlte oder wegen Drogenproblemen betreut wurde (immerhin gab es mittlerweile halbwegs brauchbare Sozialhilfesysteme).

Und so geschah es auch. Die vergleichsweise kleine Gruppe dieser alternativen, rebellischen Jungen – in der Größenordnung von 5 Prozent, vielleicht einem Zehntel bis einem Fünftel der Alterskohorte, halbwegs zuverlässige empirische Daten dazu lassen sich nicht finden – begab sich in die Berufstätigkeit, in den Erwerbsarbeitsbereich der Gesellschaft, bevorzugt in solche Berufe, die nicht im unmittelbaren kapitalistischen Verwertungsinteresse lagen.

Was geschah danach?

Meist folgten die alten, stinknormalen Anpassungsvorgänge, wie sie auch den konventionellen, den nichtalternativen Jungen stets bevorstanden: Gehorsamkeit im Beruf, privat konnte man dann seinen Vorlieben folgen. Eine Spaltung zwischen Berufsarbeit (Leistungsdruck, aber gestaltbar in weniger deutlich definierten nichtkommerziellen Arbeitsverhältnissen – in der Ausländerbehörde oder im Feld der Sozialarbeit, im Kulturbetrieb usw., da darf man schon etwas nachsichtig sein und konnte persönliche Haltungen realisieren) und Privatem bahnte sich damit an. Privat, also persönlich und zu Hause, in der Freizeit versuchte man alte Ideale zu leben. Mehr noch, man versuchte auch subversiv tätig zu sein und Gestaltungsspielräume zu nützen.

Berufsarbeit für »68er«: Langer Marsch

In diesen als Erwerbsarbeit bevorzugten Organisationen und Einrichtungen ließ sich schon in den 1970er-Jahren ein zweigeteiltes

Milieu absehen. Die, welche schon länger dort waren, ältere Beamte etwa, waren traditionell geprägt, hierarchisch und autoritär im Benehmen, verhielten sich auch so, selbst wenn sie politisch links oder SP-Mitglieder waren. Und die Rechten waren genauso traditionell, hierarchisch und autoritär, vielleicht ein Stück christlicher im Benehmen. Im öffentlichen Sektor, bei den Medien und in der Kultur in Mitteleuropa war die Einflussnahme durch die großen alten Volksparteien intensiv und umfassend – im angloamerikanischen Bereich war es im Grunde nicht viel anders und von den romanischen Ländern schweigen wir, je weiter südlich, desto größer blühte die Korruption. Bis heute übrigens. Für Berufseinsteiger war daher ein parteipolitisches Ticket meist eine notwendige Angelegenheit, eine Bedingung, ohne die nichts ging, aber das musste nicht zwangsläufig ein »linkes« Ticket sein. Etliche 68er-Gesinnungsfreunde setzten, wenn sie persönlich flexibel waren, auf eine »konservative«, rechte Fahrkarte und konnten später ebenfalls schöne Karrieren machen.

Noch einmal zur Erinnerung. Die kleine Gruppe der 68er-Generation entstammte der Mittelschicht und teilweise der bildungsorientierten Unterschicht, die neuerdings auch an den Universitäten studierte. Also Maturanten (Abiturienten), mit Studienabschluss, oder in künstlerischen Feldern Tätige. Diese hatten meist einen großen persönlichen Vorteil: Widerstand gegen das Altbackene hält man nur mit einem gewissen Rebellionspotenzial, mit genügender Durchsetzungsfähigkeit und einem gewissen Narzissmus aus. Triefte die eigene gängige Ideologie zwar von Friede, Freude und allumspannender Toleranz, so war die Persönlichkeitsstruktur der meisten Akteure oder Mitläufer hingegen von Selbstbewusstsein und dem Behaupten der eigenen Person geprägt. Damit ließ sich Karriere machen und »der Marsch durch die Institutionen«[18] antreten. Kulturell, im umgangssprachlichen Sinn von Werten, Haltungen, des Sprachgebrauchs, der Gerechtigkeit (oder was man dafür hält), der Multikulturalität, der Globalisierung, ist das übrigens gar nicht so schlecht gelungen – politisch und wirtschaftlich hat sich allerdings kaum etwas getan. Sarkastisch gesprochen, die Dekoration der Welt hat sich geändert, ist gewissermaßen mit dem Binnen-I an der Oberfläche menschlicher oder »gerechter« geworden, nicht aber der harte ökonomische Unterbau. Der ist trotz des schönen Scheins ganz der Alte geblieben. Wie Wirtschaft aussieht, entscheiden nicht demokratisch die Menschen, die Bürger, sondern die, denen die Industrie und die Banken gehören.

Der lange Marsch durch die Institutionen hat zwei Seiten. Er kann verändernd auf die Umwelt wirken, und er verändert natürlich einen selbst. Langsame, sanfte, beharrliche Umgestaltungen, die man initiiert, merkt man kaum; gemächliche Anpassung der eigenen Person an das Bestehende nimmt man ebenso kaum wahr. Dazu geschieht beides parallel – wenn man selbst sich anpasst oder eben schleichend angepasst wird, verändert einer seine Umwelt weniger bis gar nicht mehr. Man wird zum Mitläufer. Für den Einzelnen mag so etwas vielleicht eine bittere Erfahrung sein, meist aber ist man nicht in der reflektierten Verfassung, um sich so etwas einzugestehen. Jedoch, so funktioniert Wirklichkeit, so funktioniert Gesellschaft. Man wird dann, mit den Jahren in seiner sozialen Umwelt versunken, schön langsam zu einem Romantiker, der sich die eigene Sphäre, das persönliche Missverstehen und schließlich die soziale Welt schönzureden beginnt.

18 Dieser Ausdruck wurde vom deutschen Studentenführer der Neuen Linken, Rudi Dutschke geprägt. Er verstand dies als politische Aufgabe, um das System von Wirtschaft und Gesellschaft im Sinne eines linken Umbaus zu übernehmen und zu verändern.

Die Sozialdemokraten als politisches Auffangbecken

Jene Gruppen, die sich als politisch verstanden, vernichteten sich nach 68 in erster Linie durch Zerfall und Teilung; sozusagen Besserwisserei vor linker Solidarität. Was nach Intrigen, Auflösung und oft kindischen Machenschaften übrigblieb, wanderte in den 1970er Jahren langsam ins Lager der Sozialdemokraten, um doch noch irgendetwas bewirken zu können. In Österreich hieß damals die SPÖ noch Sozialistische Partei, da fiel das sogar ein Stück leichter, überhaupt ging von Bruno Kreisky, dem damaligen Parteivorsitzenden, übrigens ein kulturell zutiefst bürgerlich geprägter Mensch, eine ernstzunehmende Aufbruchsstimmung aus. Anfang des Jahrzehnts erreichte die SPÖ für drei Legislaturperioden die absolute Mehrheit (übrigens nach einer kurzen stillen Koalition mit der FPÖ). Das Jahrzehnt stand im Zeichen einer Vollbeschäftigungspolitik, einer neuen Sozialpolitik und einer Förderung des Wirtschaftswachstums durch hohe Staatsausgaben, ökonomisch waren alle Keynesianer (nach dem britischen Ökonomen John Maynard Keynes, ein Befürworter von Eugenik übrigens). Die Sozialdemokraten jener Zeit waren zwar Antikommunisten, wirklich links waren sie nicht, sondern gemäßigt reformwillig. Wer zu links war, etwa in der Schüler- oder Studentenvorfeldorganisation, riskierte schon einmal seinen Parteiausschluss, zimperlich war da die Führung überhaupt nicht.

Die Sozialdemokraten waren in Deutschland und Österreich die einzige Partei, die sozusagen rosarot, sozialreformatorisch die Stimme der ökonomisch Schwachen war. Es gab zwar Kommunisten, die spielten allerdings eine marginale Rolle – keine Chance, dort was zu tun, oder irgendwie gestalten zu können, das

Häuflein war ein Erinnerungs-Restposten. Grüne Parteien gab es erst ein Jahrzehnt später. Also blieb, wenn man politisch etwas mitgestalten wollte, nur der bittere Gang zu den an den Kapitalismus angepassten Sozialdemokraten. Aber damit gab es, und das versüßte diese Bitterkeit erheblich, natürlich entscheidend bessere Chancen für eine Berufstätigkeit in staatlichen und staatsnahen Bereichen. Ohne Parteibuch war es (und ist es noch bis heute) oft schwer, dort Beschäftigung zu finden; in Organisationen mag man eben Zuordnung, Berechenbarkeit und eine gewisse Form von Kontrolle. Und überdies, war man etwas politisch aktiv – in der je nach Organisation richtigen politischen Farbe – war dies durchaus erwünscht und gefördert. Mittlerweile ist das heute in Unternehmen so, sie fördern die privaten, politischen oder NGO-mäßigen Aktivitäten ihrer Mitarbeiter, da der- oder diejenige als beruflich gut gilt, wenn er oder sie ebenso im privaten Feld Engagement zeigt.

Verluste

Das sollte nicht unter den Tisch fallen – nicht alle kamen mit dem neuen Lebensgefühl, dem selbstauferlegten Zwang, alternativ zu sein, oder der herkömmlichen Erwerbsarbeit, auch wenn diese oft in geschützten Bereichen stattfand, zurande. In einer gegründeten Kommune gab es bald Zoff, Eifersüchteleien, Intrigen und Machtkämpfe, war das nicht mehr auszuhalten, sprang schon einmal ein eifersuchtsgeplagtes Mädchen aus dem Fenster und war tot. Manche konnten mit Cannabis als einem Freizeitvergnügen nicht wirklich gut umgehen und machten sich eingeraucht an die Berufsarbeit. Durchaus, um die Fremdbestimmtheit am Arbeitsplatz besser zu ertragen, aber halt undenkbar für die meisten

Vorgesetzten. Manche stiegen von weichen Drogen (wie es damals hieß) auf harte Drogen um und verslumten schließlich langsam in den einschlägigen Szenen, vielleicht von ihren Mittelschichteltern noch jahrelang durchgetragen. Etliche scheiterten als Künstler, mitunter an ihren eigensinnigen und unflexiblen Vorstellungen von ihrer Arbeit und der Welt an sich, oft an den damals natürlich schon wirksamen Vermarktungserfordernissen. Marketing und PR gab es bei Künstlern immer schon, auch wenn es tabu: pfui war, so etwas anzusprechen. Manche gingen auf lange und ferne Reisen, einige kehrten gar nie zurück, meist kamen sie jedoch ziemlich ernüchtert und erodiert irgendwann wieder nachhause – zwischen dem erträumten, dem vorgestellten und dem dann realen Indien lag meist ein ganzer Erdball.

3 Die Ölpreiskrise sprengt den Optimismus – die zweite Hälfte der 1970er- und die 1980er-Jahre

Diese Ölpreiskrise der Jahre 1973/74 war der Startpunkt für die Ökologiebewegung und eine nun beginnende Umweltorientierung. Die seit Jahren achselzuckend akzeptierte Binnengewässer-Verschmutzung, die Reinhaltung der Flüsse und Seen wurden Thema; ebenso das Ozonloch, später dann der Saure Regen und das Waldsterben. Thematisiert wurden diese Problemlagen von kritischen Wissenschaftern zwar schon früher, aber da war wohl die Zeit für breitere Ökodebatten und vor allem für eine mediale Unterstützung viel zu früh gewesen. Erst die Ölpreiskrise und die in der Folge eingeführten individuellen Einschränkungen (Auto, Energiesparen) schafften einen kulturellen Raum für Widerstand.

Große Teile der an sich kleinen 68er-Bewegung wandten sich nun Öko-Themen zu, gründeten neue lokale und regionale Naturschutzinitiativen und Vereine, bald darauf bundesweite Grünparteien, in Deutschland 1980, in Österreich 1982. Mit diesen wurde die vorher außerparlamentarische Alternativbewegung ökologisch neu eingekleidet und zum Mitspieler auf dem Feld der Parteipolitik und damit schlichtweg eine normale Partei. Immerhin, deren Aktivisten bzw. Mandatare erhalten seither eine gute staatliche Bezahlung und überdies hohe Geldzuströme für ihre Bildungsarbeit (Parteistiftungen, Parteiakademien) sowie für absolvierte Wahlen.

Die Ölpreiskrise als Treibmittel für die Umweltbewegung

Die Ölkrise und die Treibstoffpreisexplosion sowie die Einschränkungen beim Autofahren waren also Zündmittel der späteren Ökologiebewegung, nicht die wissenschaftliche Kritik an der kommunistischen und kapitalistischen Wirtschaftsweise. Beide Wirtschaftsformen sind nicht nur in sozialer Weise menschenverachtend, sondern ebenso in Hinblick auf die Ausbeutung hemmungslos naturverachtend. Ohne die Ölkrise wäre die Studie: »Die Grenzen des Wachstums« des Club of Rome eine randständige Angelegenheit geblieben.[19] Nun wurde sie langsam zum Thema und Gegenstand von Kontroversen zwischen Naturbewegten und Wirtschaftswachstums-Fans, also praktisch für alle Unternehmer, Gewerkschafter und Politiker relevant.

Infolge der Ölkrise und der Diversifizierung sowie des Abebbens der 68er-Bewegung formierte sich die kleine alternative Landschaft neu. Künstler blieben jetzt wieder Künstler, aber linke gesellschaftskritische Grüppchen stießen auf konservative, gesellschaftlich unkritische, verschlafene Naturschützer, die es schon längere Zeit gegeben hatte, und bildeten lokal und regional orientierte, lockere Umweltgruppen, Bürgerinitiativen. Atomkritische Veranstaltungen und Proteste gehörten selbstverständlich dazu.

War die Ölpreiskrise 1973/74 der erste große Aufschwung für die Umweltbewegung, so gab es mit dem Reaktorunfall in Tschernobyl im Frühjahr 1986 einen zweiten wirkmächtigen Impuls. Die erhöhte Strahlenbelastung erfasste innerhalb kurzer Zeit nahezu ganz Europa. Gesundheitsminister belogen Bevölkerungen, da

19 Dennis Meadows: Die Grenzen des Wachstums. Bericht des Club of Rome zur Lage der Menschheit. DVA, Stuttgart 1972. Es gab dazu später weitere Berichte. Die grundsätzliche Anordnung der Analyse und der Modelle war, obschon danach vielkritisiert, ein Meilenstein.

sie größere Unruhen vermeiden wollten; Umweltschutzgruppen fanden Gehör bei den Medien, die Katastrophe machte der gutmütigen, staatsgläubigen Mehrheit deutlich, dass es doch wohl mehr an Umweltschutz brauchen würde.

Werteveränderung hin zum Postmaterialismus

Schon Ende der 1970er-Jahre stellte der nordamerikanische Sozialforscher Ronald Inglehart eine Veränderung in den Wertelagen der Bevölkerung fest.[20] Er entwickelte daraus die sogenannte Postmaterialismus-These. Diese bezeichnet Folgendes: Für das traditionelle Milieu einer Bevölkerung ist der materielle Wohlstand und die Sicherheit der eigenen Existenz wichtig. Mit steigendem materiellem Güterbesitz, mit wirtschaftlicher Entwicklung, an der man teilhaben kann, mit Prosperität legt man zunehmend mehr Wert auf immaterielle Güter. Man legt Wert auf ein erfülltes Leben, auf Freiheit und Meinungsfreiheit, sowie lebbarer, also allseits akzeptierter Individualität, auf Umweltverträglichkeit, Harmonie mit der Natur und Frieden mit anderen Menschen. Ein wohlhabendes, gutes, harmonisches, zufriedenstellendes Leben führen – diese Haltung führt zum postmaterialistisch orientierten Menschen.

Woher kam diese postmaterialistische Haltung? Klarerweise von der 68er-Bewegung. Die neue alternative Praxis dieser Bewegung, die Demonstrationen und Aufstände in Berkeley, Paris, Berlin und vielen anderen Städten rund um das Jahr 1968 hatten deutliche Spuren hinterlassen. Dazu kam, dass dieses postmaterialistische Denken seit langem im kleinen Milieu der Bohème schon vorhanden war, ebenso als Erinnerung in jenen Teilen

20 Ronald Inglehart: Changing values and the rise of environmentalism in western societies. Wissenschaftszentrum Berlin, International Institute for Environment and Society, 1982.

der Bourgeoisie (also der traditionellen gehobenen Bürger), die mit der Reformbewegung anfangs des 20. Jahrhunderts vertraut waren. Kleine voneinander getrennte Minderheiten, aber mit ähnlichen Vorstellungen und Zielen, diese bildeten den Kern der Postmaterialisten, und mit der Verbreitung der Individualität und Lockerheit aus den 68er-Jahren diffundierte diese alternative Vorstellungswelt langsam in die gesamte Gesellschaft.

Menschen opponieren gerne gegenüber ihren Heimaten und Behausungen, machen mitunter das Gegenteil von dem, was Eltern sich wünschen oder vorbestimmen wollen. Jugendlicher Protest eben, an sich eine simple und pubertäre Angelegenheit und in der Entwicklungspsychologie und Psychoanalyse gut bekannt. Es ist eine Rebellion gegen die Vaterfigur, den alten weißen Mann. Die heutigen GenderistInnen und FeministInnen haben sich bis heute davon nicht emanzipiert.

Im Jahr 1980 gab es in Deutschland ca. 15 Prozent Postmaterialisten in der Bevölkerung. Deren Anteil stieg mit Schwankungen kontinuierlich auf heute nunmehr rund ein Drittel der Bevölkerung,[21] In Österreich interessierte man sich für diese – durchaus kontrovers gesehene – Art der Milieuforschung nicht besonders, die wenigen vorhanden älteren Daten weisen in die Richtung eines etwa halb so großen Anteils »harter« österreichischer Postmaterialisten im Vergleich zu deutschen.

Der Zerfall der kommunistischen Länder

Nach dem Ölpreisschock und der Tschernobyl-Katastrophe war die Auflösung der kommunistischen Ostblockländer der dritte

21 Nach anderer Art der Zählung, wenn harte und weiche Postmaterialisten zusammengefasst werden, machen sie die Hälfte der Bevölkerung in Deutschland aus.

große Schock für empfindsame westliche Gemüter. Im Herbst 1989 zerfiel die DDR, innerhalb recht kurzer Zeit begann auch in vielen anderen kommunistischen Ostblockländern das Umkippen in kapitalistische Gesellschaften. Hier sollte man aber, wenigstens im Rückblick, halbwegs ehrlich sein. Die Mehrheit in diesen Ländern war nicht sehr an einer parlamentarischen Demokratie oder Parteiendemokratie westlichen Zuschnitts interessiert, sondern in erster Linie an der Konsumgesellschaft und ihren Versprechungen von individueller Konsumfreiheit, etwa was Reisen, Urlaub und Auto anlangte. Die Menschen hatten die Werbung des Westfernsehens, die Familie mit zwei Autos, dem Einfamilienhaus mit Swimmingpool und der zugänglichen Warenvielfalt nebst extravaganten Urlaubsträumen für ernsthafte Beschreibungen der Lebensrealität gehalten. Sie hatten das wörtlich genommen und waren letztlich über ihre eigene Fehleinschätzung fürchterlich enttäuscht.[22] Diese Dramatisierung, die drüben haben alles und wir hier haben nichts, stellte sich bei vielen zwangsläufig ein, wenn sie Hollywoodfilme und westliche Fernsehwerbung sahen. Den gleichen Effekt gibt es im Zusammenhang mit der Flüchtlingswelle ab 2015 in den Emigrationsländern des Südens und Ostens. Man will auch am westlichen Wohlstand teilhaben.

Besser am Wohlstand partizipieren können, und das ohne Kriminalität und Mord, genau dieses Interesse war bislang die Ursache für den Bildungswillen junger Menschen und ihr Bedürfnis nach beruflichem und damit sozialem Aufstieg. Damit es das Kind einmal besser hat – das brachte etwa Arbeitereltern dazu, ihr Kind in den 1960er-Jahren auf das Gymnasium zu schicken, zu fördern und zu fordern, selbst dann, wenn jenes eher unwillig

22 Das waren viele episodische, persönliche Erfahrungen aus den Kontakten mit Menschen aus der Tschechoslowakei, Ungarn und Slowenien nach diesem Umbruch bzw. der Wende.

war. Sehr schön beschreiben dieses Motiv, diesen Antrieb, Annie Ernaux in *Der Platz* und Didier Eribon in *Rückkehr nach Reims.*[23]

Konsumismus statt Kommunismus

Das Umkippen der kommunistischen Länder in Frühformen demokratischer Staaten, also der eminent rasche Zerfall des Kommunismus, ließ kapitalistische parlamentarische Republiken in den Augen der postmaterialistischen Biedermenschen gewissermaßen als Monopolmodell erscheinen. Länder wie China, Kuba und Nordkorea wurden nicht erst ernstgenommen. Letztere fungierten als atavistische Überreste des zweiten Teils der ehemals zweigeteilten Welt, China gilt ja bis heute als Sonderfall einer Art von staatlich autoritärem Monopolkapitalismus.

Für die linken politischen Parteien, und ganz generell für linkes gesellschaftspolitisches Denken, hatte diese Entwicklung dramatische Folgen. Es gab nun praktisch nur mehr ein Denk- und Lebensmodell, das des fortgeschrittenen Kapitalismus mit seinem inhärenten »militärisch-industriell-politisch-medialen Komplex«. Dieses Netzwerk der Interessen von Eliten aus Militär, Industrie, Politik und Medien wurde schon in den 1950er-Jahren entschlüsselt und es hat sich mittlerweile weiter verflochten und internationalisiert.[24]

Das alternative kommunistische Modell, auch wenn man es persönlich abgelehnt hat, funktionierte vorher immerhin ganz gut als realistische Erinnerung daran, dass Marktwirtschaft und

23 Annie Ernaux: Der Platz. Suhrkamp, Berlin, 2019 (original 1984). Didier Eribon: Rückkehr nach Reims. Suhrkamp, Berlin 2016.

24 Es geht zurück auf die Arbeiten von Charles Wright Mills, Die amerikanische Elite: Gesellschaft und Macht in den Vereinigten Staaten. Holsten-Verlag, Hamburg 1962 (im Original: The Power Elite, 1956). Der Autor hat sich auch für damalige Verhältnisse ziemlich kritisch mit den etablierten Sozialwissenschaften auseinandergesetzt.

Kapitalismus nicht ganz selbstverständlich »das Gelbe vom Ei« sind, dass es eine politische Alternative gibt und sich deshalb das eigene gesellschaftliche System in einer gewissen fortschrittlichen Bewegung halten müsse. Das war eine europäische Sichtweise, denn hier gab es den Kommunismus greifbar.

Daneben, das soll an dieser Stelle nun wirklich nicht unterschlagen werden, regierten in nahezu allen afrikanischen, ebenso in etlichen asiatischen und südamerikanischen Ländern, blanke Despotien, das Militär und fragwürdige Putschisten. Übrigens, viel hat sich daran bis heute nicht geändert.

Verheerende Folgen für die linken Parteien

Der Verlust der grimmigen, herben und insgesamt wenig wünschenswerten Lebensform des Kommunismus in den Ostblockstaaten war auf längere Sicht für rosa, rote und sonstige Linke des alten Westens allerdings verheerend. Ausgenommen davon blieben bislang die grünen Parteien – sie erwiesen sich mit ihrem Öko-Image als die einzig verbliebenen, halbwegs noch »Guten«. Sozialdemokratische und dezidiert Kommunismus-freundliche Parteien, wie die »Linke« in Deutschland, stagnieren, da sie im Wesentlichen das geworden sind, was die 68er-Leute damals der Gesellschaft insgesamt vorgeworfen haben: altbacken, traditionell, feig, wenig scharfsinnig, fade, selbstverliebt, machtversessen, ins System der Parteiendemokratie völlig eingeklinkt.

Marketingorientierte Politik

Politik ist längst zu einer Art von kommerzieller Wählerfang-Veranstaltung verkommen. Sie funktioniert mittlerweile wie Zahnpasta-Multis und andere Konsumgüterindustrien: Werbeagenturen als sogenannte Fachleute schlagen die nächsten Politikschritte vor und PR-Berater beraten Politiker, wie sie sich am besten verkaufen können – eine reichlich absurde Angelegenheit, wenn man sich das nüchtern durchdenkt. Menschen, die als Gestalter der politischen Landschaft für ihre Klientel erscheinen wollen, lassen sich von Werbeleuten, die üblicherweise Cola, Joghurt und Chips verkaufen, dabei helfen, wie Politik aussehen soll. Da können nur Worthülsen herauskommen und politische Entwicklungen höchstens sehr kleinschrittig dahintrippeln.

Politik und Marketing vertragen sich nur dann, wenn es der Politik in erster Linie um das Sichern von Pfründen, also um weiter gewählt zu werden geht. Allerdings, Menschen bekommen das langsam mit. Sie sind zuerst unzufrieden, dann zusehends angewidert. Alternativen haben sie jedoch nicht – die Strukturen der repräsentativen Demokratie bleiben. Dazu haben viele Angst, dass es noch schlechter werden könnte als es ist. Das ganze eigene Leben, die schöne Konsumwelt, an der man ein Stück partizipieren darf, scheint bedroht, wenn man nicht murrend die systemtragenden Parteien akzeptiert – und wählt.

Technische und wirtschaftliche Entwicklung nach 1990

Die 1990er-Jahre waren das Jahrzehnt des Internet. Es gab mit viel medialer Begleitung nun in ersten Ansätzen das World Wide Web. Die Universitäten waren hier führend, die Industrie meist eher verschlafen. Hießen die ersten Dienste noch Telnet, FTP (der Abruf von fernen Dateien) und E-Mail, die ziemlich einfach und wenig anmutig gestrickt waren, nämlich mit einzutippenden

Befehlen, so änderte sich das ziemlich schnell. Gopher war eine erste Benutzeroberfläche, die einem fremde Computer anschaulich dienstbar machte, dann kam das WWW mit hübschen grafischen Oberflächen für den eigenen PC und mit Mausbedienung. Jeder sollte nun mithilfe dieser Softwaren ermächtigt sein, sich international, also grenzenlos und natürlich individuell zu äußern, zu diskutieren, eine Art elektronisches Global Village herzustellen.[25] Eintrittsvoraussetzungen gab es aber – wie immer schon. Man benötigte einen eigenen Computer und einen Anschluss an dieses schöne, neue Medium, das pathetisch als »Cyberwelt«, als globales Dorf, verklärt wurde.

Tatsächlich ist etwa die Entwicklung des Online-Dienstes WELL ein Paradigma für das Anfangsverständnis dieser neuen elektronischen Kommunikationsform. »The Whole Earth 'Lectronic Link, normally shortened to The WELL, is one of the oldest virtual communities in continuous operation. (...) It is best known for its Internet forums, but also provides email, shell accounts, and web pages. The discussion and topics on The WELL range from deeply serious to trivial, depending on the nature and interests of the participants.« So heißt es in der englischsprachigen Wikipedia dazu.[26] Ein Diskurs ohne behäbige oder subtile Statusmerkmale, die ja immer schon Kommunikation gruppieren, sollte eine neue Welt demokratischer Partizipation ergeben. Als eine Art von Grassroot-Modell elektronischer, interaktiver Kommunikation und vor allem mit einem Gemeinschaftscharakter, der sich hier technisch unterstützt ausbilden sollte.

25 Howard Rheingold: Virtuelle Gemeinschaft - Soziale Beziehungen im Zeitalter des Computers, Bonn usw. 1994.

26 In deutscher Sprache gibt es bei Wikipedia dazu keinen Beitrag, jedoch in der englischsprachigen; https://en.wikipedia.org/wiki/The_WELL .

Das Internet – ein interaktives Werbefernsehen

Die großen Hoffnungen, die von den kalifornischen Intellektuellen früh in dieses elektronische oder virtuelle »Global Village« hineingedacht wurden, erfüllten sich nicht. Jene hatten – obwohl meist gar nicht wirtschaftsfeindlich – einfach nicht mit der kapitalistischen Realität gerechnet, die mehr oder weniger rasch neue Ideen oder Entwicklungen in das industrielle Verwertungssystem einpasst.[27] Bislang war das bei technischen oder kulturellen Entwicklungen stets so. Die erste Suchmaschine des Internet, das seit Mitte der 1990er-Jahre aktive AltaVista, wurde von Google schnell ins Abseits gedrängt. Die Chat-Server und die auch ins WWW transferierten Bulletin Boards (des telefonbasierten Vor-Internet) wurden schließlich von Facebook und ähnlichen Plattformen weitgehend abgelöst. Der sich immer umfassender herausbildende Netzwerk-Effekt im Internet wirkte monopolbildend.

Das Militär steht am Beginn

Unser schönes Internet war wie vieles andere, eine militärische Entwicklung der USA, um die interne Kommunikation im Kriegsfall als Netzwerk dezentral und damit mit möglichst geringen Ausfällen abwickeln zu können. Bereits 1968, in den hippen 68er-Jahren also, wurde mit dieser militärischen Entwicklung begonnen. Die DARPA (Defense Advanced Research Projects Agency) arbeitete dabei ganz eng mit einer Reihe von Universitäten zusammen. Dies erklärt, warum das frühe zivile

27 Adrian Lobe: Die Plattformen haben das partizipative Web gekapert. Telepolis 08. April 2019, https://www.heise.de/tp/features/Die-Plattformen-haben-das-partizipative-Web-gekapert-4365432.html.

Internet an den Universitäten zuhause war und erst von dort aus schließlich in den kommerziellen Bereich einwanderte. Oder von ihm unterwandert wurde.[28] Stets recht intensiv begleitet von den nordamerikanischen Geheimdiensten, insbesondere von der NSA (National Security Agency), die als US-Auslandsgeheimdienst die grenzüberschreitende Kommunikation nahezu im Gesamtumfang überwacht. Sie war schon im Vietnamkrieg tätig, die Medien interessierten sich aber erst seit den Snowden-Enthüllungen dafür, als der frühere CIA-Mitarbeiter 2013 deren Aktivitäten öffentlich machte. Diese gigantische Spionage, auch bei deutschen Industriebetrieben übrigens, war zumindest seit 1998 bekannt, wurde sogar im EU-Parlament diskutiert, jedoch von den Medien kaum wahrgenommen.[29] Selbst die Überwachung hochrangiger Politiker, erinnert sei an die Mobiltelefonüberwachung der deutschen Bundeskanzlerin Angela Merkel, und die kontinuierliche, weitreichende Wirtschaftsspionage wurde von der Politik – offenbar um keinen transatlantischen Konflikt aufkommen zu lassen – mit stoischer Gleichmut zur Kenntnis genommen. Europa geriert sich in vielen Belangen wohl nach wie vor als ein Befehlsempfänger der USA.

Blasen

Eine durch die Expansion der Finanzindustrie aufgebaute Immobilienblase – Hypothekarkredite wurden sehr freizügig vergeben, da die Kreditgeber von steigenden Immobilienpreisen

28 Jerry Harris, Carl Davidson: The Cybernetic Revolution and the Crisis of Capitalism. Chicago 1994. (ursprünglich: http://www.ipc.apc.org) http://net4dem.org/cyrev/archive/issue1/articles/Cyber%20Revolution/cyberRev.PDF .

29 Erich Moechel: Globales EU-FBI-Überwachungssystem? In: telepolis 19. 10. 1998, https://www.heise.de/tp/features/Globales-EU-FBI-Ueberwachungssystem-3563242.html .

ausgingen und sich so der Kauf eines Hauses von selbst zu finanzieren schien – schlug sich im Jahr 2008 im Konkurs der US-amerikanischen Investmentbank Lehman Brothers nieder. Dies löste die europäische Finanzkrise und in der Folge dann die Eurokrise aus. Vor allem die national hoch verschuldeten Länder Griechenland, Italien, Spanien und Portugal kamen wirtschaftlich ins Trudeln. In der Folge kauften sich US-amerikanische Konzerne in die europäischen Unternehmungen ein und bestimmen bis heute, wo es zur Kapitalverwertung lang geht. Sie greifen dabei natürlich indirekt in die Wirtschaftspolitik der EU-Staaten und der EU ein: »Moody's, Standard & Poor's und Fitch – sie gehören BlackRock & Co – legen gegen hohes Honorar die Kreditkonditionen nicht nur aller großen Unternehmen in der EU fest, sondern auch aller EU-Mitgliedsstaaten.«[30] Eine völlig absurde Angelegenheit.

Zurück ins Jahr 2001. Unter dem mit 9/11 hegemonial angloamerikanisch etikettierten Kürzel veränderte sich für halbwegs wache Zeitgenossen die Welt nachhaltig. Fanatisierte Moslems griffen die westliche Welt symbolisch an zentraler Stelle an und brachten rund 3000 Menschen in den Tod. Eine Kriegserklärung, was sonst. Eine, mit der »der Westen« nicht sinnvoll, sondern nur ziemlich hilflos umgehen konnte. Bis heute übrigens zeichnet sich die Reaktion auf islamistischen Terror oder dessen Prävention durch allgemeine Hilflosigkeit, Ignoranz, Behörden- und Geheimdienstversagen, generell durch politische und mediale Beschwichtigung aus. Nur bei der Überwachung der Bevölkerung wurde gewissermaßen auf Durchziehen gesetzt und das dann Schritt für Schritt realisiert. Die Exekution der Führungsfigur

30 Werner Rügemer: USA im Niedergang? – Aber in der EU so mächtig wie noch nie. Nachdenkseiten 23. 4. 2019, https://www.nachdenkseiten.de/?p=51122

dieses und anderer Terrorangriffe kommentierte die deutsche Bundeskanzlerin Angelika Merkel dann mit »Ich freue mich, dass es gelungen ist, Osama bin Laden zu töten!«[31]

Ohne Geschichte ist man verloren

Ohne halbwegs verstehen zu können, wie etwas geworden ist, also die Gegenwart so wurde, wie sie ist, weiß man gar nichts – man ist dann als eine Art von selbstgewählter Ahnungsloser den vielfältigen Beeinflussungsversuchen (Framing heißt das heute) der politischen Akteure ausgeliefert. Kein Mensch will allerdings ein solches Manipulationsobjekt sein, trotzdem interessieren sich die meisten Menschen nicht für ihre persönliche Gewordenheit, also dafür, wie sie zu jenem Menschen gemacht wurden, der sie sind. Sie interessieren sich meist nicht einmal für ihre eigene persönliche Geschichte. Die meisten Menschen neigen dazu, alles besser zu wissen, sie verfallen einer oft grandiosen Selbstüberschätzung. Das kennen wir schon seit den Zeiten von Kindergarten oder Schule, da gab es stets etliche Besserwisser und wenige Nachdenkliche. Und die meisten nehmen sich in ihrer Grandiosität gern selbst von dieser Besserwisserei und Großtuerei aus. Man hält meist die Mehrheit der »anderen« für dumm und sich selbst für gescheit.[32] Selbstüberschätzung und die eigenen blinden Flecke der Wahrnehmung machen soziales und politisches Leben schwierig, mühsam und schließlich alte Rebellen müde.

Die Ausflüge in einige der markanten Gegebenheiten und Ereignisse der letzten Jahrzehnte brauchen wir aber, um

31 https://www.youtube.com/watch?v=F0fKuUyiGLE

32 David Dunning et al.: Why People Fail to Recognice Their Own Incompetence, in: Current Directions in Psychological Science Vol. 12, 3 / June 2003, S 83-87.

sozusagen die klimatischen Veränderungen in unseren Gesellschaften verstehen zu können – hier waren sie als Erinnerung gedacht, nicht als Belehrung (belehrt werden wollen ja die meisten Menschen nicht, eben wegen jener eigenen, uns innewohnenden Selbstüberschätzung). Wenn wir heute in einer oft orientierungslosen, weil ziemlich gespaltenen Gesellschaft leben müssen, hat das seine Gründe.

Individuelle Geschichtsvergessenheit macht es für politische Eliten und die Wirtschaft, nicht zu vergessen die Medien und das Militär, leichter, uns bestimmte Auswahlmuster einzureden. In den 1970er-Jahren war vom militärisch-industriellen Komplex die Rede, korrekt müsste man heute vom industriell-militärisch-politisch-medialen Komplex reden, einem meist im Hintergrund, dem »Tiefen Staat«, agierenden Netzwerk und oft schon global verbundenen Geflecht der Macht. Beeinflussung, Manipulation findet mittlerweile in vielfältiger Weise statt. Gebrauche Deinen eigenen Verstand, das hat uns vor mehr als 200 Jahren Immanuel Kant, als eine der großen Gestalten der europäischen Aufklärung, klarzumachen versucht. Dazu gehört aber auch ein bisschen Grundwissen, wie wir nun zu den Menschen geworden sind, die man aus uns gemacht und eben nicht gemacht hat. Von Seiten der Eltern, des Kindergartens, der Schulen, der Freunde, Nachbarn, Verwandten wie Bekannten und natürlich der Arbeitgeber, Chefs und Kollegen im Beruf. Kant ermutigt, »Habe Mut, dich deines eigenen Verstandes zu bedienen!«[33] Hinzufügen sollte man: und Courage, die eigene und die gesellschaftliche Entwicklung selbstkritisch zu sehen.

33 https://anthrowiki.at/Sapere_aude

4 Etwas von »postmaterialistischem« Klima …

Was ist eigentlich dran am Postmaterialismus?

Materialistische Wertehaltungen werden von einer fortschrittlichen sozialen und wirtschaftlichen Entwicklung der Gesellschaft, also von mehr Wohlstand, von postmaterialistischen Wertelagen abgelöst. Das ist der Kern der Postmaterialismus-Theorie von Roland Inglehart.[34] An sich sollte man besser von einer Postmaterialismus-These sprechen, denn eine umfassende Theorie zur Gesellschaft hat er dazu nicht abgeliefert. Macht jedoch nichts, denn seine Ausführungen zu den eher stillen Veränderungen in den westlichen Gesellschaften waren dennoch bedeutsam und erhellend.

Inglehart hat erkannt, dass es offenbar einen langsamen, kontinuierlichen Werte-Wandel in den westlichen Industrieländern gibt und konnte das mit Ergebnissen aus vielen empirischen Erhebungen absichern. Im Wesentlichen ist Postmaterialismus eine Beschreibung des Phänomens immaterieller Lebensqualität und veränderter Partizipationsstrukturen der Öffentlichkeit an der Politik. Wenn die materiellen Bedürfnisse, also Wohnen, Essen, Kleidung, ein dauerhafter Arbeitsplatz, Geld auch für Freizeit und etwas Vergnügen, halbwegs gesichert sind, dann geht es den Menschen um eine angenehmere Umwelt, um persönliche Anerkennung, um Gehörtwerden und Partizipation. Im Einzelfall

34 Ronald Inglehart: Kultureller Umbruch. Wertwandel in der westlichen Welt. Frankfurt am Main, New York, Campus-Verlag 1989. Ausgangspunkt war Ronald Inglehart: The Silent Revolution, Princetown (New Jersey), 1977.

vielleicht nicht in dieser Reihenfolge, aber so ungefähr im Großen und Ganzen.[35]

Inglehart konnte in der Europäischen Union und ihrem Vorläufer viele Umfragen durchführen, offenbar sah man in der Bürokratie jene sich anbahnenden Werteänderungen ziemlich skeptisch. Wenn Menschen sich tendenziell vom Konsum abwenden, löst das natürlich die Alarmanlagen der Wirtschaft aus – und daher war man an guten Daten dazu interessiert. Klar war es, um in die Essenz der Ergebnisse etwas einzutauchen, dass nach dem Erwachsenwerden von Menschen deren Wertelagen stets ziemlich stabil bleiben. Der Schwenk vom Materialismus zum Postmaterialismus war damit in erster Linie eine Generationenfrage. Jüngere, im Wohlstand aufgewachsene Menschen sind postmaterialistischer orientiert als die älteren Generationen, so die Ausgangsvorstellung. Ein weit verbreiteter Fehler der Rezeption der Inglehartschen Ergebnisse und Daten war jedoch, diese zeitliche Entwicklung als ein Umbrechen von materiellen zu postmateriellen Haltungen misszuverstehen. Nämlich anstelle der herkömmlichen Interessen an materiellen Gütern und Infrastrukturen, also Konsum, nun eine Zuwendung zu nicht an Güter gebundenen Sachen zu unterstellen. So als wären die Menschen, die Jüngeren vor allem, nun bescheidener geworden und hätten Konsum gewissermaßen hinter sich gelassen.

35 Inglehart orientiert sich hier an der Maslowschen Bedürfnishierarchie oder Bedürfnispyramide. Diese versucht, eine Abfolge oder Rangordnung der menschlichen Bedürfnisstruktur darzustellen: den ganz grundsätzlichen physiologischen Bedürfnissen folgten Sicherheitsbedürfnisse (also Sicherung der Erhaltung der Befriedigung), dann die Bedürfnisse nach sozialer Zugehörigkeit und Liebe, weiters nach sozialer Präsentation und schließlich das Bedürfnis nach Selbstdarstellung, was recht missverständlich als Selbstverwirklichung bezeichnet wird. Wichtig ist, die Erscheinungsformen dieser Bedürfnisse sind unendlich groß, sie hören nicht irgendwann auf. Das ist insofern ganz essenziell, da dies durch das sich ausdifferenzierende Konsumgüterangebot in einer Konsumgesellschaft nahezu unendlich ausnützbar wird. Abraham H. Maslow: Motivation and Personality, New York, Evanston, London 1954, 1970.

Nein – es war eine additive Entwicklung: auf der Basis eines materiell guten Lebens ging es nun um mehr Mitbestimmung und persönliche Gestaltungsmöglichkeiten. Mit anderen Worten, hat man halbwegs guten Wohlstand, kann man beim Zuwachs etwas Pause machen, man braucht ihn nicht immer noch besser und größer, sondern jetzt kann es um gutes Gewissen beim Konsum und um mehr Einfluss auf die Wirklichkeit, um eine Art von Selbstverwirklichung gehen.

Wichtig ist hier festzuhalten: die Menschen hatten gerade die 68er-Aufbruchsjahre erlebt, oder sind, um dies aus anderer Perspektive auszudrücken, dabei entgleist. Alte Vorstellungen von Moral oder Verhalten, von Musikgeschmack und Kultur sind in ihrer Penetranz inzwischen delegitimiert, es gibt nun ebenso ganz Anderes. Selbst die mühsam sich ausgebildet habende Nachkriegsdemokratie autoritärer Parteiorganisationen ist längst schon infrage gestellt. Ein Leben jenseits von Konsumzwängen wird ebenso ansatzweise sichtbar; »Flower Power« und Drogen etwa. Alles, die neuen Lebensstile im Kleinen, der technische Fortschritt im Großen, Stichwort Mondlandung, befindet sich in einem Aufbruch – selbst für passive Zuseher und solche Menschen, die das alles nicht recht verstehen können. Das zusammen schafft neue mögliche Bahnen, selbst wenn man nicht unmittelbar in das breite Spektrum der 68er-Bewegung eingebunden war. Man konnte mit manchen neuen Dingen sympathisieren, Mitläufer oder typisch menschlich nur Trittbrettfahrer sein.

Postmaterialisten

Postmaterialisten sind herkömmliche Materialisten plus Individualisierung, Selbstverwirklichung und Mitbestimmung. Sie bauen auf dem gewohnten Wohlstand auf, gehen jedoch nicht den traditionellen Weg eines, sein Leben im »Mehr vom Gleichen« sehenden Individuums. Nämlich größere Wohnung, größeres Auto, luxuriöseres Essen, teurere Kleidung, bessere Freizeit. Sie wollen nun – ohne auf ihren Wohlstand verzichten zu müssen – eine schönere Umwelt und überhaupt eine bessere Welt. So stimmt der Ausdruck Post-Materialismus, wenn er eben nicht als frugaler, bescheidener, sparsamer Anti-Materialismus missverstanden wird. Das jedoch war vielfach die ausdrückliche oder unterschwellige Lesart des Begriffs: Postmaterialisten wären als Verzichter zu verstehen, als Kostverächter der Konsumgesellschaft sozusagen – ein grundfalsches Verständnis. Wenngleich es tatsächlich bewusst suffizient lebende Menschen stets gegeben hat, allerdings ist das ein extremes Minderheitenprogramm. Sehen wir uns in der Alltagswelt etwas näher um.

Heute (im Jahr 2016 gab es die letzte Erhebung dazu) sind in Deutschland 32 Prozent der Bevölkerung ausgeprägte und weitere 30 Prozent »weiche« Postmaterialisten. Ihnen stehen 33 Prozent »weiche« und 6 Prozent ausgeprägte Materialisten gegenüber. Summarisch also 62 Prozent Postmaterialisten, die 39 Prozent Materialisten gegenüberstehen (101 Prozent, da hier gerundete Zahlen).[36]

Im gleichen Jahr und in derselben Erhebung schätzen sich übrigens 55 Prozent der Befragten als (politisch) links ein und 45 Prozent als rechts. Wobei die extremen Linksausprägungen (2 von 10) 6,6 und bei den extremen Rechtsausprägungen (2 von 10, auf der anderen Seite der Skala) 1,7 Prozent notieren ließen. 52

36 GESIS: ALLBUS Variable Reports 2017/10, ALLBUS 2016, Köln 2017, S 168. Die heute und auch in der Quelle verwendete Postmaterialismus-Skala von Roland Inglehart ist ein relativ einfaches Maß (obschon zuverlässigkeitsgetestet mit ausführlicheren Skalen), das ist der hauptsächliche kritische Einwand zu diesem Erhebungsinstrument. Die Verben »ausgeprägt« und »weicher« sind eine aus Anschaulichkeitsgründen gewählte Bezeichnung bzw. Interpretation des Autors.

Prozent fanden sich in den beiden mittleren (leicht links, leicht rechts) Ausprägungen.

Im Jahr 1980 waren es für Deutschland-West 13 Prozent ausgeprägte Postmaterialisten und daneben 17 Prozent weiche Postmaterialisten, denen 31 Prozent weiche Materialisten und 38 Prozent ausgeprägte Materialisten gegenüberstanden. Summarisch waren das damit 30 Prozent Postmaterialisten gegenüber 69 Prozent Materialisten.[37]

Schleichende Veränderung

Man sieht, die per Inglehart-Skala erhobenen, mehrheitlichen Wertorientierungen haben sich bei den Deutschen innerhalb von 35 Jahren komplett umgedreht. In Österreich ist die Datenlage wesentlich schlechter. Eine begonnene Erhebungsserie wurde ab 2012 eingestellt. Immerhin zeigt sich über 14 Jahre, von 1997 bis 2011, dass die postmaterialistische Werteausprägung in der Bevölkerung stabil stets halb so groß ist wie in Deutschland.

Im Jahr 2011 waren es für Österreich 10 Prozent ausgeprägte Postmaterialisten und dazu 24 Prozent weiche Postmaterialisten, diesen gegenüber 31 Prozent weiche Materialisten und 35 Prozent ausgeprägte Materialisten. Zusammengefasst standen damit dann 34 Prozent Postmaterialisten zu 66 Prozent Materialisten.[38]

Die Veränderungen sind auf die längere Perspektive gesehen letztlich langsam vor sich gegangen, obschon es zwischendurch

37 Angelika Scheuer, GESIS Mannheim: Datenreport 2013, 14.1 Wertorientierungen, Ansprüche und Erwartungen, S 379; https://www.wzb.eu/system/files/docs/ende/peu/datenreport2013_14_werte_und_einstellungen.pdf .

38 Karl Kollmann, Irene Kautsch: Kaufsucht in Österreich - 2011. Kurzbericht zur achten österreichischen Kaufsuchtgefährdungsstudie. Materialien Konsumentenpolitik 2/2011, Wien 2011, ISSN 1814-3849. http://media.arbeiterkammer.at/PDF/Studie_Kaufsucht.pdf .

gelegentlich Ausreißer gegeben hat. Man kann also mit halbwegs gutem Gewissen davon ausgehen, dass sich inzwischen noch nicht Dramatisches geändert hat. Bemerkenswert hingegen ist, im wirtschaftlich für die Menschen mittlerweile an sich deutlich besser dastehenden Österreich: Geht man etwa von den durchschnittlichen Konsumausgaben (Konsumbudgets der Haushalte, Haushaltsausstattung) aus, dann müsste die Ausprägung von Postmaterialismus entwickelter sein als sich das empirisch darstellt.

Erwerbsarbeit und der lange Marsch

Die veränderte Wertehaltung hatte freilich auch ihre sozio-ökonomische Grundlage, auch das eigene Leben betreffend. Denn irgendwann stand die 68er-Jugend vor der Frage, wie sich im Kapitalismus seinen Lebensunterhalt verdienen? Die allerwenigsten hatten, obschon aus der Mittelschicht kommend, soviel Reichtum zur Verfügung, dass sie tun und lassen konnten, was sie wollten. Einige verzogen sich in die Bohème, ein kleiner Teil schaffte einen künstlerischen Durchbruch. Einige versuchten sich in Alternativen, etwa einer Landkommune, einige begannen NGOs für einen guten Zweck, etwa der Obdachlosenhilfe, zu gründen. Der überwiegende Teil musste sich jedoch eine traditionelle Arbeitsstelle suchen oder vorher schon das Studium danach ausrichten. Man war mit annähernder Vollbeschäftigung großgeworden, aber die Auswirkungen der Ölkrise (1973/74), ihre Wiederholung dann ein paar Jahre später, und insbesondere die Gleichgesinnten, die ebenfalls in den Arbeitsmarkt eintreten wollten, beendeten diese in den 1970er-Jahren.

Etwas Individualität, soziale Wirksamkeit und ein kleines Stück Selbstverwirklichung sollte die Berufsarbeit jedoch enthalten.

Tätigkeiten im öffentlichen Sektor (Bildung, Schule, Wissenschaft, aber auch bei Behörden und der Justiz oder im Sozialarbeitsfeld), im kulturellen Bereich, oder bei den Medien, mitunter bei politischen Parteien, boten sich dafür an. Das waren nämlich keine der kapitalistischen Verwertung dienlichen »bösen« Berufe, man konnte sich also etwas aus dem Kapitalismus heraushalten, man machte sich nicht mitschuldig bei der Ausbeutung. Es waren meist irgendwie nützliche, notwendige, sinnvolle Tätigkeiten, die sich oft sogar ein Stückchen ideologisch oder zumindest aufklärerisch gestalten ließen, man konnte im Kleinen etwas Politik machen. Tatsächlich gibt es in den erwähnten Berufsfeldern meist mehr Gestaltungsräume, als im Konstruktionsbüro eines Industriebetriebs oder in der Buchhaltung eines Mittelstandsunternehmens – die Routinen sind da weit enger definiert. Verfügt man über Kreativität und hat Gestaltungswillen, ist man in diesen sozialen, kulturellen und medialen Berufen besser bedient – die Buchhaltung eines Betriebs muss sich nicht kreativ legitimieren, sie hat einfach nur gut zu funktionieren.

Lernen, sich anzupassen

Am Arbeitsplatz riskiert man den erwarteten Verdienst nicht, man passt sich dort an, selbst wenn man in der Freizeit den coolen, unbeeindruckten Typ oder die emanzipierte Frau gibt. An diesen Arbeitsplätzen herrschen in den 1970er-Jahren noch ziemlich konventionelle Verhältnisse, die Kolleginnen und Kollegen sind schon viele Jahre dort und gehen daher mit der Berufsarbeit traditionell um. Von Inglehart wissen wir, dass sich mit dem Erwachsenwerden eines Menschen bei seinen Werten, den Einstellungen und Verhaltensweisen dann meist nicht mehr viel ändert. In der Arbeit holte einen also das verpönte Alte, das Konventionelle zuverlässig ein. Mitunter mühsam, gelegentlich recht wach, lernten die jungen Erwerbstätigen sich an diese Gegebenheiten anzupassen. Wohlgemerkt, die typischen »68er« waren eine Minderheit, die nun aus harten und zwingenden Geldgründen ins Erwerbsleben eintropfte, aber ein großer Teil der gleichaltrigen Generation war in gewisser Weise von ihnen, von der modernen Zeit, die sich in den Medien niedergeschlagen hatte, infiltriert. Die anderen Gleichaltrigen waren daher oft Sympathieträger jenes harten Kerns. Natürlich waren sie dann und wann auch Konkurrenten.

Unabhängigkeit von den Eltern

Erwerbsarbeit ist existenziell wichtig, da man Geld verdienen muss, um leben zu können. Diese Peitsche der Erwerbsarbeit wirkte schon lange vor Industrialisierung und Kapitalismus, es sei denn man war durch Erbe wohlhabend, gehörte zum Adel oder zum Klerus. Ein weiterer wichtiger Grund war natürlich die durch eigene Berufstätigkeit gewonnene Unabhängigkeit vom Elternhaus, von der Herkunftsfamilie. Eltern wurden oft abgelehnt, da man sie als reaktionär, als spießig, als hinderlich empfand und da sie einem »dreinredeten«, man sich für dies und das rechtfertigen musste. Emotional war alles andere besser als diese banausenhafte kleine Gruppe, aus der man kam und die in rigide und tröge Verwandtschaftsverhältnisse eingeklemmt war. Die sahen das zwar meist nicht so ablehnend, aber für die 68er und viele ihrer Zeitgenossen war Verwandtschaft und der der damit verbundene Mief meist nur lästig.

Ähnlich verstand und sah man die der Familie sozusagen übergeordnete Gesellschaft – der Staat war nicht nur bei den politischen Jungen ein abzulehnendes Monster, Bürokratien galten (meist zu Recht) als undurchsichtig und mühsam, dazu die Parteien – als altbacken, autoritär und konservativ an, eine freudlose Angelegenheit. Der Staat, die Politik, das Establishment, sie waren verantwortlich für die Gräuel des letzten Kriegs. Meistens mit einer verheimlichten Vergangenheit, in undurchsichtige Machenschaften verstrickt. Die Gesellschaft oder der Nationalstaat, das Establishment, sie waren letztlich alle eines: die großen, mächtigen Verhinderer eines besseren, gewaltfreien, gerechteren, jedenfalls vernünftigeren Lebens.

Die Verachtung der Familie und der Gemeinschaft/des Staats, diese Feindseligkeit zur Herkunft sozusagen, sollten wir in Erinnerung behalten, denn sie wird für die Skepsis der heute neuen multikulturellen Mittelschicht noch bedeutsam sein. Motto dabei: Alles ist besser als das Eigene. Natürlich ist das ein zutiefst pubertärer und unaufgelöster, schwelender Konflikt, unreif, pathologisch. Er hat jedoch deswegen Sprengkraft, da nicht mehr die halbwegs gelungene Auseinandersetzung mit den Eltern (um die Vaterfixiertheit von Freud hier etwas aufzulösen) schlussendlich mit der Zivilisation versöhnen kann, sondern da an Stelle der Eltern nun eine allumfassende Konsumrealität getreten ist. Da gilt: nur wer Geld hat, kann sich entschädigende, tröstende, über alle persönlichen Verrücktheiten hinweghelfende, luxuriöse, einmalige Konsumgüter und Dienstleistungen kaufen. Und praktisch alles ist kaufbar, hat man Geld und/oder Macht, klappt es mit dem Sex, man kriegt schöne Partner ab – gegenüber solchen Erfahrungen ist das, was von den Eltern kommt, nur bescheiden, banal, falsch, verlogen und antiquiert.

Modernität, Fortschritt ist zweifellos ein wesentlicher Wert für die nun in die Erwerbsarbeit verstrickte 68er-Generation. Für die

68er kam dazu, dass sich eine Alternativkultur entwickelt hatte, in die man flüchten konnte – zur konventionellen Konsumgesellschaft gab es andere Wahlmöglichkeiten. Bei der Musik, bei der Bekleidung, bei der Reflexion über die alte Gesellschaft und für religiöse, transzendente oder esoterische Erfahrungen, ebenso beim Lebensstil. Statt Alkohol zur Entspannung nun Haschisch und andere lockere Typen, mit denen sich einer relativ umstandslos verstehen konnte.

Veränderungen in den Familien

Zwei die Familien betreffende Entwicklungen kommen hinzu. Zum einen wurden die Kinder weniger, die Geburtenraten und damit die Familiengrößen sanken. Gab es 1960 noch 2,7 Geburten pro gebärfähiger Frau in Österreich und 2,4 in Deutschland, so sind es 1980 1,7 Geburten in Österreich und 1,6 in Deutschland.[39] Um die Jahrtausendwende sind es in beiden Ländern dann 1,4. Zusehends gibt es mehr »Einzelkinder«. Zum zweiten änderte sich auch der Erziehungsstil. Bestrafung wurde verpönt und später dann gesetzlich verboten, generell sollten moderne Eltern auf Bestrafung verzichten und stattdessen mit Motivation arbeiten.

Erziehung wandelte sich von einem Nebenbei-Ergebnis aus einem problemlosen Mitleben des Kindes mit den Geschwistern, Eltern, Nachbarn und Verwandten zu einer Erziehungsarbeit, die von schriftlichen und medialen Ratgebern und Experten unterstützt wurde. Nicht nur im Staat, auch in den Familien sollte es demokratisch zugehen. Mithin ein sanftes Modell der »antiautoritären Erziehung«. Nun, für die meisten jungen Leute galt

39 Eurostat, Statistik kurzgefasst, 15/2001. Steigende Geburtenzahlen sind auf zuziehende Migrantenfamilien zurückzuführen.

dies in den 1960er- und 1970er-Jahren erst ansatzweise – Eltern wollten damals noch keine besten Freunde ihres Kindes sein, allerdings zeichnete sich dennoch ein Umbruch des gängigen, eher harschen Erziehungsstils ab, vor allem in den Mittelschichten.

Anpassung – mit etwas Freiflächen

Mit der geregelten Berufsarbeit, Teilzeit war in den 1970er-Jahren tatsächlich noch ein Fremdwort, folgt Schritt für Schritt langsam die Anpassung, die Domestizierung der (hauptsächlich rhetorisch) wilden 68er-Jungen. Diese Angleichung geht langsam, meist von den Betroffenen selbst nicht bemerkt und beachtet, vor sich. Sie ergibt sich eben einfach so. Der Grund dafür ist ziemlich simpel. Man verbringt jeden Werktag acht Stunden am Arbeitsplatz und das über viele, viele Jahre. Ist also zeitlich umfassender in diesen Mikrokosmos eingesperrt, als man Zeit mit dem Partner oder der Partnerin verbringt. Die mitunter zu hörende Floskel: 8 Stunden Arbeit, 8 Stunden Freizeit, 8 Stunden Schlaf, ist dabei übrigens nichts anderes als grober und dummer Unfug. Für viele kommen oft sogar gern geleistete (da mehr Lohn erzielbar) Überstunden dazu, Fahrtwege zur und von der Arbeit; für das private Leben, für den eigenen Haushalt muss, gerade wenn ein Kind vorhanden ist, in beträchtlichem Ausmaß und natürlich unentlohnt gearbeitet werden: Wohnungs- und Wäschereinigung, Kochen, Abwaschen, Einkaufen und Besorgungen macht bei den meisten eben keine Haushälterin. Feministinnen fordern gerne eine Entlohnung dieser angeblich nur von Frauen gemachten Hausarbeit. Nur, wer sollte das bezahlen?

Übrigens. Fasst man Erwerbsarbeit und Hausarbeit zusammen und betrachtet das nach Männern und Frauen, dann zeigt sich, dass heutzutage beide Geschlechter gleich viel arbeiten. Statistisch, im Mittelwert, nicht in jedem Einzelfall. Und halt etwas unterschiedlich verteilt, zur Teilzeitarbeit kommen wir gleich. Kalendertäglich (also Montag bis Sonntag gerechnet) arbeiten Männer 6 Stunden und 23 Minuten, Frauen 6 Stunden und 22 Minuten (Berufsarbeit und Hausarbeit zusammengezählt) in Österreich.[40]

Arbeitszeiten

Ein Einschub zur Arbeitszeit ist jetzt notwendig, da viele unter uns die letzte Phase der Arbeitszeitverkürzung, die immerhin rund 45 Jahre her ist, nicht selbst berufstätig miterlebt haben. Mitte der 1970er-Jahre war die Einführung der 40 Stunden-Arbeitswoche abgeschlossen. Dafür hatten Gewerkschaften und sozialdemokratische Parteien seit den 1950er-Jahren politisch gekämpft. Aus den üblichen 48 Stunden einer Sechstagewoche wurden 45 und später dann 40 Stunden. In Deutschland wurde sie von den Kollektivvertragsbranchen branchenweise zeitlich gestaffelt eingeführt, in Österreich wurde die wöchentliche Arbeitszeit über Jahre hinweg gestaffelt von 45 auf 40 Stunden verkürzt. Die 40-Stundenwoche war übrigens in den USA schon 50 Jahre früher üblich gewesen.

Seither hat sich, was die Arbeitszeit anlangt, außer einem verbesserten Urlaubsanspruch (4 beziehungsweise 5 Wochen) nicht viel Bedeutendes mehr getan. Ja, in einigen Branchen gilt die 38,5-Stunden-Woche, jedoch die großen Würfe, wie etwa eine Verkürzung auf 32 oder 25 Stunden wöchentlicher Arbeitszeit, die gelegentlich angedacht wurden, blieben bislang

40 Männer kalendertäglich 4:24 Berufsarbeit, 1:59 Hausarbeit, Frauen 2:40 Berufsarbeit, 3:42 Hausarbeit. Statistik Austria, Haupttätigkeiten der Bevölkerung 2008/2009, Wien 2011.

aus. Gewerkschaften und sozialdemokratische Parteien sind dafür zu schwach oder zu konsensuell mit den Unternehmen verbunden.

In Teilzeit arbeiten

Aber es hat einen großen Trick gegeben, um die Last der Berufsarbeit, dieser im marxistischen Verständnis entfremdeten Zwangstätigkeit der Menschen, zumindest für große Teile etwas erträglicher zu machen: Teilzeitarbeit. In den 1960er- und 1970er-Jahren und vorher gab es sie gar nicht. Es begann dann vorsichtig und interessanterweise sowohl gegen den Widerstand der Unternehmen, ihres Establishments einerseits und der Gewerkschaften und sozialdemokratischer Parteien andererseits. Es gab viele Gelegenheiten zu unseligen Allianzen und es wird sie wohl auch weiter geben. Progressiv ist die Wirtschaft dort, wo es ihr nützt, Migranten etwa sind willkommen, da sie helfen, die Löhne unten zu halten; die Gewerkschaften sind grundsätzlich konservativ gewesen und geblieben.

Bei den ArbeiterInnen sieht es heute so aus: In Österreich und Deutschland arbeiten mittlerweile knapp 50 Prozent der Frauen und 10 Prozent der Männer in Teilzeit.[41] Die Bandbreite in Europa ist groß, in Tschechien sind es etwa 10 Prozent der Frauen und 2 Prozent der Männer, in der Schweiz 60 Prozent der Frauen und 20 Prozent der Männer[42] und in Holland sogar 75 Prozent der Frauen und 25 Prozent der Männer. Gern genannte Gründe für Teilzeit sind kleine Kinder im Haushalt, insgesamt die Familie, Ausbildung oder Studium neben dem Beruf. »85 Prozent der

41 WSI der Hans Böckler Stiftung, Zahlen für 2016, https://www.boeckler.de/64612.htm#
42 Thomas Fuster: Bei Teilzeitarbeit liegt die Schweiz europaweit auf dem zweiten Platz, in Neue Zürcher Zeitung, 17. 1. 2019, https://www.nzz.ch/wirtschaft/bei-teilzeitarbeit-liegt-die-schweiz-europaweit-auf-dem-zweiten-platz-ld.1452204.

rund 2.000 befragten teilzeitbeschäftigten Frauen finden es (nach einer unveröffentlichten deutschen Studie) demnach ›super‹, in Teilzeit zu arbeiten.«[43] Wobei 75 Prozent auf keinen Fall Vollzeit arbeiten wollen.

Die Bedürfnisse der Menschen sehen daher offensichtlich anders aus als Gewerkschaften und Sozialdemokraten uns weismachen wollen. Letztere argumentieren mit den geringeren Pensions- bzw. Rentenansprüchen dann im Alter und vor allem begäben sich teilzeitarbeitende Frauen damit vollständig in die Abhängigkeit von ihren vollzeitarbeitenden Männern.

Anpassung: zweiter Schritt

Erwerbsarbeit ist eine große Integrationsmaschine. Der Marsch durch die Institutionen ist zu einem guten Teil Anpassung, Akkulturation. Von Montag bis Freitag jeweils acht Stunden Anpassung an Arbeitskollegen, Vorgesetzte, Kunden, Konsumenten. Selbst wenn man sich nicht mit den anderen identifizieren will, stets spielt bei einem Kontakt mit Kollegen »das Soziale« herein. Kleidung, Sprache, Interessen, Hobbies, Wertungen. Niemand kann sich dem entziehen, Gebote der Höflichkeit müssen beachtet werden, ein gewisses Interesse am Gegenüber wird ebenso erwartet, notfalls muss es geheuchelt werden. Über Monate hinweg ist das ein ganz großes Mahlwerk von Anpassung, dem man unbewusst, gewohnheitsmäßig und mitunter schmerzhaft bewusst ausgesetzt ist. Nur ganz selten versteht man sich als Agent, der seinen Arbeitsplatz infiltrieren und strategisch eigene Absichten umsetzen will.

43 o. A.: Frauen in Teilzeit sind laut Umfrage sehr zufrieden, in: Zeit-online, 14. 12. 2018, https://www.zeit.de/arbeit/2018-12/gleichberechtigung-frauen-teilzeitarbeit-zufriedenheit-umfrage-delta-institut.

Üblicherweise will man nämlich am Arbeitsplatz mit allen halbwegs gut auskommen, es geht ja um Geldverdienen und ebenso dann um die eigene Reputation. Also Konfliktvermeidung, also soziales Lernen, somit Anpassung. Nach einigen Monaten ist man meist halbwegs integriert. Da die anderen oft freundlich sind und man selbst sich einigermaßen einfügen, nicht störend wirken will. Tatsächlich sollte diese eigene Anpassungsleistung, die oft gar nicht rationalisiert wird, nicht unterschätzt werden: man passt sich der Gruppe an, diese nicht an einen.

Dissonanzvermeidung

Wie erwähnt, vieles läuft hier gar nicht auf der kognitiven Schiene. Aber die menschliche Psyche ist im Normalfall auf Dissonanzvermeidung angelegt. Da man kaum die Einstellungen und Verhaltensweisen der Gruppe, zu der man hinzugekommen ist, in seinem Sinn verändern kann, verändert man im Regelfall die eigenen Einstellungen und Verhaltensformen. Das ist der sozialpsychologische Kern aller Gruppenzugehörigkeit, es ist der Wesenskern ebenso von proletarischem Duckmäusertum und bürgerlichem Gehorsam in Feudalstaaten, von Faschismus und Stalinismus. Oder der politischen Unzufriedenheit in der Gegenwart, »das lass ich bleiben, da misch ich mich nicht ein!«, sagen dann gern Menschen, wenn sie mögliche Nachteile beargwöhnen oder befürchten.

Selbstverständlich ist diese Akkulturation, die schleichende Anpassung, nicht total. Sie lässt etwas, mitunter auch ein wenig mehr, an Widerspenstigkeit übrig, jedoch ist diese an die vorgegebenen Strukturen, Verhältnisse angenähert. Gefühlte Ungerechtigkeiten am Arbeitsplatz kann man besser beseitigen, wenn man sich betriebsrätlich engagiert, das eröffnet einem für das persönliche Gemüt, für die eigene Identität neue Optionen. Man legitimiert damit sein Verhalten, kann die eigene Gewordenheit für die persönliche Identität zur Deckung bringen. Bringt sich also selbst »ins Reine«. Oder indem man Vorschläge zur Verbesserung des Betriebsklimas macht, Gedanken zur Geschlechtergerechtigkeit und Frauenförderung beisteuert oder Diversity-Management in der Einrichtung, in der man sein Geld verdient, andiskutiert. Natürlich zum Wohl, zur Effizienzsteigerung, oder zur Imageverbesserung dieser Einrichtung. Es geht ja um beides: Reputation dort, wo man Geld verdient, und Identität für sich selbst.

Positive außerberufliche Aktivitäten

Vor allem Naturschutz, nun Umweltschutz genannt, bietet sich als Thema und als Objekt fürs persönliche Engagement an. Naturschutz ist in der Gesellschaft eine seit langem (genauer: seit der Romantik) wertvolle Sache, obschon er früher gern als konservativ etikettierte Angelegenheit behandelt wurde. Übrigens: Vor der Romantik kämpften die Menschen gegen die Natur, versuchten sie zu domestizieren. Naturschutz ist im Gefälligkeitshorizont unserer Gesellschaften.

Die 68er-Jungen waren damals von der umgebenden Gesellschaft angefeindet worden, sie hatten es mit ihren Herkunftsfamilien schwer, sie taten sich nicht leicht mit dem Geldverdienen in einem als gegnerisch empfundenen System. Vielleicht ahnten sie sogar, dass sie dabei einem Anpassungsprozess unterworfen waren. Der Gesellschaft, der Konsumkultur und der kapitalistischen Industrie eines auszuwischen, blieb aber auf der persönlichen Agenda.

Naturschutz/Umweltschutz und Kapitalismus

Tatsächlich, die Idee von Naturschutz und der Rückkehr zu mehr Natürlichkeit, statt dem Leben in mittlerweile versmogten, verschmutzten, industriell zugerichteten großen Städten, beginnt Ende des 19. Jahrhunderts ein großes Thema zu werden. Eine kulturelle Reform anstelle des persönlich oft unverständlichen sozialistischen Revolutionsplans der Arbeiterklasse – die sogenannte »Reformbewegung« (gelegentlich »Lebensreform«) entstand. Das betraf Medizin, Ernährung (vegetarisch), Bekleidung, Wohnen, den Kleingarten, die Freizeitgestaltung, Skepsis gegenüber Genussmitteln, der Ehe, neue Sexualität, FKK (Freikörperkultur), neue (frühalternative) Kultur bis hin zu Literatur und Kunst, Philosophie, Religion und Esoterik, etwa als Anthroposophie des Rudolf Steiner, also letztlich eine Erneuerung des gesamten Lebensstils von Menschen.[44]

Ein markanter Vertreter dieser Zielsetzungen war Karl Wilhelm Diefenbach, Künstler, Reformer und Philosoph, der Ende des 19. Jahrhunderts in Wien bereits eine alternative Kommune gründete und Initiator der berühmten Schweizer Künstlerkolonie und Kooperative »Monte Verità« war, die übrigens noch heute erhalten wird.[45] Etwas nationalistisch fixiert war das alles und doch irgendwie kosmopolitisch orientiert, wie vieles zu jener Zeit, jedoch immer als Alternative zum Bestehenden.

Die Wandervogel-Bewegung war ein zeittypisches Kind dieser Reformidee. Ebenso waren es die konservativen, faschistischen und sozialdemokratischen, seltener kommunistischen

44 Ferdinand Avenarius: Das fröhliche Buch. Aus deutscher Dichter und Maler Kunst gesammelt von Ferdinand Avenarius. Mit einem Nachwort von Karl Kollmann. Reprint. München, Matthes & Seitz, 1977.

45 https://www.monteverita.org/de

Vereinnahmungen solcher Trends. Die parteilichen Organisationen hatten allesamt eine ordentliche naturschützerische und lebensreformerische Beimengung. Es gab und gibt diese Umwelt- und Naturschützer in vielen parteipolitischen Varianten übrigens bis heute. Gemeinsam ist ihnen, sie wollen sich allerdings mit ihrer Geschichte nur ungern auseinandersetzen; das ist jetzt überhaupt nicht gehässig oder sonst wie negativ gemeint, sondern versteht sich nur als simple Feststellung. Die Reformbewegung war nicht nur die Urform der heutigen Grünen, sie war ebenso ein wesentlicher Teil der faschistischen Bewegung.[46]

Die Leute aus den 68er-Jahren hatten also innerbetriebliche und außerbetriebliche Möglichkeiten, sich mit der Gesellschaft kritisch auseinanderzusetzen und sie zu Veränderungen zu motivieren. Eingeschränkt zwar, begrenzt, nicht mehr mit dem alten umfassenden Anspruch, aber in der Lebenspraxis doch halbwegs gut funktionierend. Umweltschutz, Ende des Waldsterbens, Gewässerreinhaltung, all das klappte, zwar langsam und gemächlich, aber dennoch gab es, das ist unbestritten, viele wesentliche Verbesserungen bei Umweltfragen. Man war also wirksam. Gab es ein spezielles Problem, ließen sich neue NGOs gründen, also Vereine, oft hanebüchene Varianten von Vereinen, aber damit konnte man beim Establishment (in den 1970er-Jahren hieß es dann nicht mehr so, auch die Aktivisten waren ziemlich anpassungsfähig) Eindruck machen. Bis heute übrigens, wenn man sich diese kleinen und großen Einsammelmaschinen öffentlicher Fördergelder einmal näher ansieht. Man kann bei ihnen mittun, sie im Handstreich übernehmen, oder eben neue gründen. Nahezu alles ist jetzt möglich.

46 Wolfgang Prabel: Der Bausatz des Dritten Reiches. Amazon, Kindle Ausgabe 2019.

Das neue (alte) Aktionsfeld: das Kind soll es besser haben

In heterosexuellen Paarbeziehungen liegt der Kinderwunsch nahe oder ein Kind passiert einfach. Beim eigenen Kind tut sich für 68er-Alternative ein ganz neues Aktionsfeld auf. Motto ist: das Kind soll nun alles besser haben, als man es selbst hatte. Jetzt wurden, wir reden über die 1970er- und 1980er-Jahre, die alten Bücher aus alternativen Zeiten aus dem Schrank geholt und die knapp hundert Jahre alte Reformbewegung wurde, ohne das zu merken, neu belebt. Eine natürliche, jedenfalls eine bessere Ernährung für den Säugling, keine der von der Industrie angebotenen Wegwerfwindeln aus dem Supermarkt, sondern herkömmliche Mehrwegwindeln, naturnahe Bekleidung und nicht in den klassischen Farben (Buben blau, Mädchen rosa), ergonomisch richtige Trageformen des Säuglings (nämlich am Bauch), eine pädagogisch korrekte Betreuung des kleinen Lebewesens, homöopathische, naturnahe Behandlung, wenig impfen, möglichst wenig Chemie oder Technik und vieles andere mehr.

Mit dem Kind rückte das für ein Kind bessere Umfeld ins Zentrum des Interesses. An sich ein altes Programm. Das wollten schon die Bauern im Jahr 1525, als sie sich zu den Bauernaufständen zusammenrotteten und Krieg gegen die adeligen Ausbeuter führten. Einer der wesentlichen Gründe: sie wollten ihrem Erben eine halbwegs zureichende Lebensgrundlage hinterlassen können. Eltern wollten immer, wenn sie nicht zu versoffen, zu krank oder zu dumm waren, dass es ihren Kindern gut geht, sie es einmal leichter im Leben, eine materiell bessere Zukunft haben. Ab den 1950er- und 1960er-Jahren, als man begriff, dass sozialer Aufstieg möglich ist, haben ungelernte Arbeiter darauf geachtet, dass ein Kind zumindest einen Lehrabschluss macht, Facharbeiter haben nunmehr das dafür geeignetste Kind oder halt den Liebling der Eltern aufs Gymnasium geschickt und etliche konnten, das heißt: durften sogar ein Studium, das bislang ein Privileg, eine ökonomische Möglichkeit erst ab der Mittelschicht aufwärts war, absolvieren. Es schien, die goldenen Jahre begannen.

Kampfzone eigenes Kind

Alles, was mit ihrem Kind zu tun hatte, wurde für die 68er nun zur Kampfzone. Es ging und geht bis heute um wahrgenommene Gerechtigkeit, betuliche kindgerechte und autoritätsfreie Behandlung im Kindergarten. Dann in der Schule, um passende, jedenfalls zureichende Förderung und irgendwie Entfaltungsmöglichkeiten. Bürgerinitiativen wollten kindgerechte Spielplätze im Wohnviertel herstellen, kinderfreundliches Verhalten anderer Gäste und Passagiere wird in Restaurants und öffentlichen Verkehrsmitteln immer wieder angemahnt. Man scheute natürlich vor der Belehrung von Kinderärzten ebenso wenig zurück wie bei Ämtern und Behörden, wo das gesamte Umfeld gern als wenig kinderfreundlich eingestuft wurde. Öffentliche Einrichtungen und Infrastrukturen wurden schließlich kinder- und kinderwagengerecht umgestaltet; wehe, wenn die öffentliche Hand hier nicht spurt. Funktioniert hat das deswegen recht gut, da es allen einsichtig und gerechtfertigt schien – hey, die zahlen ja einmal unsere Renten und Pensionen.

Alles drehte sich um das Kind. Eltern nahmen infantile Sprechweisen auch im Kleinkind- und Schulkindalter an, Verwandte mussten bei Geschenken häufig Rücksprache mit den Eltern führen. Christkind und Osterhase wurden intensiv durchdiskutiert, ständig wollte man sich versichern, was man dem Kind, diesem armen Hascherl, zumuten dürfe oder von ihm fernhalten solle. Dass Kinder naturgegeben eine aggressive Hälfte haben, welche die Nachbarskatze gern quält oder ihre Eltern gern einmal umbringen möchte, fiel zuverlässig unter den Tisch. Der Mythos, Kinder wären von Natur aus rein und gut, und das gelte es für ihr weiteres Leben sicherzustellen, stand in voller Blüte. Der »Kindbesitz« gab eine umfassende Verwaltungsermächtigung und Verbesserungslegitimation zum Wohl dieses Kindes. Das ist der Ursprung der sogenannten »Helikoptereltern«, die alles in der Umwelt für das Gedeihen ihres Gutes, ihres Kinds überwachen und kontrollieren wollen. Notfalls nötigt man Lehrer per Anwalt oder Gerichtsverfahren, oder – klassische Variante – man schmiert noble US-Universitäten mit Geld, damit das Kind dort unterkommt.

Mit einem Kind, das nach neuen, besseren, kinderfreundlichen Grundsätzen und Verständnissen aufwachsen sollte, war man jedenfalls auch als Alternativer voll in der Gesellschaft angekommen, und wurde von verunsicherten Kindergärtnerinnen, Lehrerinnen und Verwaltungsbeamten ernst genommen. Männer trugen jetzt ihr Kind im Bauchsack mit sich oder schoben den Kinderwagen und kamen sich dabei emanzipiert bis revolutionär vor. Die einstige breit angelegte Alternativkultur, die eine ganz andere Lebensweise wollte, konzentrierte sich von nun an aufs Kind. Das wurde dann mit der Explosion des Atomkraftwerkes Tschernobyl 1986 wiederum etwas anders. Das mitunter affige Etepetete rund ums Kind schlug um in ein allgemeines Bedrohungsgefühl. Nichts war mehr sicher.

5 Moderne Lebensverhältnisse

Verändern sich die gewohnten Lebensverhältnisse? Hat der traditionelle private Haushalt, hat die herkömmliche Kleinfamilie noch Zukunft?[47] Folgt man jener Geschichtswissenschaft, die sich mit dem Alltag beschäftigt, dann war die Kernfamilie und der private Familienhaushalt die dauerhafte soziale Lebens- und Wirtschaftsgemeinschaft der Menschen in Mittel-, West- und Nordeuropa, zumindest seit dem späteren Mittelalter. Aufzeichnungen der Gemeinden und Pfarren gibt es erst seit damals.

In den letzten Jahrzehnten gab es eine Reihe von gravierenden Veränderungen, die Auswirkungen auf das »soziale Leben« haben und weiter haben werden. Die Arbeitswelt sieht heute anders aus als nach dem Zweiten Weltkrieg. Beim Wohnen hat sich viel geändert, Wohnungen sind heute weit größer und mit Haushaltstechnik vollgestopft. Heizen geht anders, nämlich wesentlich komfortabler mit Gasetagenheizung oder Fernwärme, ebenso ist es mit dem Bad und der Toilette. Im Mediengebrauch der Menschen gibt es nun eine technische Fülle sondergleichen. Konsum ist heute immerfort notwendig, um sich seine Lebens-Mittel zu erhalten und alles auf den neuesten Stand zu bringen.

Veränderungen in den Haushalten

Die Kernfamilie, Mutter, Vater, Kinder, die dauerhaft miteinander leben und daraus Vorteile ziehen, ist die Lebensform der

47 Eine Vorform erschien als Karl Kollmann: Hat der Familienhaushalt noch Zukunft? In: Hauswirtschaft und Wissenschaft 4/2015, S 166-169, sowie Karl Kollmann: Postmaterialismus und Familie. In: Hauswirtschaft und Wissenschaft 2/2017, S 96-99.

vergangenen Jahrhunderte gewesen. Das scheint sich nun langsam zu verändern.

In Deutschland beträgt heute die durchschnittliche Haushaltsgröße zwei Personen[48] und 41 Prozent der insgesamt über 40 Millionen Haushalte sind Singlehaushalte, ihr Anteil hat sich seit rund 50 Jahren verdoppelt. In nur einem Viertel der deutschen Haushalte leben heute mehr als zwei Personen und nur in einem Fünftel aller Haushalte leben noch minderjährige Kinder. Veränderungen zeigen sich auch beim (überwiegenden) Lebensunterhalt der Menschen – wobei: an der Erwerbstätigkeit selbst hat sich dabei nichts Wesentliches geändert.

Quelle des überwiegenden Lebensunterhalts in der Bevölkerung:[49 & 50]

Jahr	Erwerbstätigkeit	Arbeitslosengeld	Rente etc.	Unterstützung (Angehörige)	Haushaltsgröße
2014	44,3	7,3	23,2	25,3	2,0
1961	43,6	0,1	13,4	43,0	2,9

Der Lebensunterhalt durch die »soziale Sicherung« (Arbeitslosengeld, Renten) hat erheblich zugenommen. Demgegenüber hat sich die Unterstützung durch Angehörige nahezu halbiert. Auffällig ist, dass die ausgeübte Erwerbsarbeit ihre Bedeutung

48 Statistisches Bundesamt, https://www.destatis.de/DE/ZahlenFakten/GesellschaftStaat/Bevoelkerung/HaushalteFamilien/Tabellen/Haushaltsgroesse.html .

49 Statistisches Bundesamt, https://www.destatis.de/DE/ZahlenFakten/Indikatoren/LangeReihen/LebensunterhaltKonsum/lrleb01.html?cms_gtp=152400_list%253D1&https=1 .

50 Statistisches Bundesamt: Leben in Deutschland, 2004; Lange Reihen Tab. L101: Privathaushalte nach Haushaltsgröße.

in diesem halben Jahrhundert anteilsmäßig kaum geändert hat, wohl aber die Arbeitslosigkeit.

Familie – Wunschtraum und Realität

Mit dem Begriff des privaten Haushalts immer ganz eng verwoben war die Familie, insbesondere die Kernfamilie der westlichen/nördlichen europäischen Gesellschaften. Diese zweigenerationale, heterosexuelle und dauerhaft angelegte Lebensform ist heute kaum mehr das universal gültige Lebensmodell. Sie hat sich zumindest in ihren Konturen aufgelöst. Scheidungen (knapp die Hälfte der Ehen, bei Lebensgemeinschaften deutlich mehr) sind selbstverständlich geworden, Kinder sind kein Gebot mehr für Paarbeziehungen. Andere Lebensformen verschaffen sich mit kräftiger medialer Unterstützung Gehör, und konsum- und erwerbsarbeitsorientierte Lebensstile wirken in den privaten Alltag nachhaltig herein.[51]

Romantische Liebe und ein geglücktes Familienleben bleiben zwar recht dominante, idealisierte, gewissermaßen theoretische Wunschvorstellungen, im Alltag sind die Menschen jedoch in erster Linie mit der Adaption solcher Vorstellungen an die eigene Lebenspraxis beschäftigt. Und diese werden dann von handfesten Realitäten gebildet, weniger von den subjektiven Vorstellungen und Befindlichkeiten der einzelnen Menschen. Die Verhältnisse in der Arbeitswelt, die Frage, ob Wohnen leistbar ist und wie man hier mit seinen oft recht begrenzten Mitteln auskommt, ferner der Umstand, dass die Konsumgesellschaft auf den Menschen

51 Für eine knappe Zusammenfassung etwa: Johannes Huinink: Wandel der Familienentwicklung: Ursachen und Folgen, Bundeszentrale für Politische Bildung, 2009. http://www.bpb.de/izpb/8036/wandel-der-familienentwicklung-ursachen-und-folgen?p=all .

und ihren sozialen Gruppen recht herausfordernd lastet, dazu kommt die allseits präsente Medienumwelt mit ihrer alltagsumspannenden Werbung und ihren meist interessengesteuerten Informationen. Medien sind im schlimmsten Fall derb, im besten Fall subtil parteiisch. Objektive Medien, das war einmal ein Wunschtraum romantisierender Pädagogen. Dazu kommt, die (nationalen) sozialen Sicherungssysteme und die gesamtwirtschaftlichen Verhältnisse sind vorgegeben, man entkommt ihnen nicht. Man könnte das nur durch Auswandern ändern, jedoch gibt es kein alternatives System mehr auf dieser Welt, überall nur Kapitalismus nach westlichem Muster, meist mit weitaus mehr Kriminalität und mehr Korruption als in Mitteleuropa. Also brächte nicht einmal das Auswandern etwas Positives ins individuelle Leben.

Arbeitswelt, Erwerbsarbeitszwang

Arbeit, um sich Lebensunterhalt zu schaffen, hatte für die große Mehrheit immer schon einen Lastcharakter – alltägliches Leben war für die Mehrheit nie das Paradies. In Europa stellte sich schon vor der humanistischen Reformbewegung der »Aufklärung« Arbeit für den Lebensunterhalt zwiespältig dar. Einerseits war sie Last und Fron, andererseits wurde sie als Ziel und Endzweck menschlichen Lebens definiert.[52] Linke Perspektiven, die das Recht auf Müßiggang betonten, blieben ein Minderheitsprogramm,[53] affirmative Verständnisse setzten sich bis in die Zeit

52 Karl Kollmann: In den Fesseln der Arbeits- und Konsumgesellschaft. Diskussionspapier, Institut für Technologie und nachhaltiges Produktmanagement, Wirtschaftsuniversität Wien, Wien, Mai 2012. http://homepage.univie.ac.at/karl.kollmann/download/kollmann-Arbeitsgesellschaft-2012.pdf .

53 Paul Lafargue: Das Recht auf Faulheit (Widerlegung des »Rechts auf Arbeit« von 1848) http://www.sopos.org/aufsaetze/3b0bf233eb8e3/1.phtml .

des Nationalsozialismus und Stalinismus, genauer besehen bis heute durch. »Wer arbeiten kann, aber nicht will, der kann nicht mit Solidarität rechnen« und: »Es gibt kein Recht auf Faulheit«, formulierte der frühere deutsche Bundeskanzler Gerhard Schröder.[54] Alle dazu fähigen Menschen müssen arbeiten, genauer: erwerbswirtschaftlich arbeiten und sich damit dem gesellschaftlichen Leistungsprinzip unterordnen, so lautet das Gebot alter wie moderner Gesellschaften.

Die letzte Arbeitszeitverkürzung in Mitteleuropa gab es 1975; persönliche Arbeitszeitverkürzungen holten sich in der Folge vor allem die Frauen mit Teilzeitarbeit. Sie bewirkte übrigens für Unternehmen oft sogar eine Effizienzsteigerung, da man die ersten vier, fünf Stunden leistungsfähiger arbeitet als in den daran folgenden vier oder drei. War früher Bummelei (also Leistungszurückhaltung), wo das möglich war oder sich eben ergab, eine verbreitete Angelegenheit, so hat sich heute im beruflichen Alltag das Leistungsprinzip weitgehend durchgesetzt, sowohl durch Human-Resources–Management, wie ebenso mit einer Internalisierung dieses Leistungsprinzips durch die Betroffenen. Bummelei war der subtile, gruppengetragene Widerstand gegen von oben aufgedrückte Ziele, eine Art ertrotzte Selbstbestimmung. Gibt es eine solche widerständige Gruppennorm nicht, sondern nur Wettbewerb am Arbeitsplatz, ist das natürlich für den Betrieb wesentlich profitabler. Tatsächlich, eine solche Art der Solidarität unter Kollegen und Kolleginnen, die über persönliche Differenzen hinausreicht, scheint abgenommen zu haben. Auswirkungen des Wettbewerbs am Arbeitsplatz, wie Burn-out, Mobbing, Intrigen

54 Dorothea Siems: Regierung will Faulenzer zur Arbeit zwingen. Kanzler kündigt härteres Vorgehen gegen Drückeberger an. Die Welt 7. 4. 2001, http://www.welt.de/print-welt/article444249/Regierung-will-Faulenzer-zur-Arbeit-zwingen.html .

unter Kollegen, Gehässigkeit und insbesondere eine oft recht ausgebaute Form von Selbstdarstellung, haben zugenommen, obschon es derartige Konflikte immer schon gab. Die Gewerkschaften haben hier bislang weitgehend weggesehen.

Natürlich gibt es eine Gruppe von Trittbrettfahrern, die soziale Sicherungssysteme ausnützt, das gilt klarerweise für Einheimische wie für Einwanderer. Unter allen Menschen gibt es schlechte Charaktere, unabhängig von Geschlecht, Rasse oder Bildung und es gibt weniger Intelligente und Intelligentere – wer das wegdiskutieren will, ist entweder herzlich naiv oder konstruiert sich eine imaginierte heile Welt zusammen. Für die große Mehrheit der Bevölkerung gilt nach wie vor: ohne Geld und ohne Erwerbsarbeit bleibt man von vielen schönen und attraktiven Dingen der Konsumgesellschaft und damit ebenso von sozialer Anerkennung ausgeschlossen. Denn diese wird vom Erfolg am Arbeitsplatz gespeist, ebenso wie vom sichtbaren Erfolg im Konsumleben. Arbeitslosigkeit ist, von kleineren Subkulturen abgesehen, ein soziales Stigma und Auslöser psychischer, psychosomatischer und familiärer Krisen.[55] Aus Angst davor akzeptieren Menschen den erwähnten Leistungsdruck und persönliche Wettbewerbsanforderungen.

Lebenslange Anpassung = lebenslanges Lernen

Jedoch, die Ansprüche an die Menschen, insbesondere an Berufstätige (und das wären dann doch die allermeisten) sind wesentlich umfassender. »Lebenslanges Lernen« – an sich eine

55 In der Essenz nach wie vor gültig, die erste (1933) bahnbrechende Studie zu den Folgen von Arbeitslosigkeit, und von der Sozialdemokratie gefördert: Marie Jahoda, Paul F. Lazarsfeld, Hans Zeisel: Die Arbeitslosen von Marienthal, Frankfurt/Main 1980.

anthropologische Selbstverständlichkeit – wird von Arbeitgebern wie Gewerkschaften gefordert, dazu Mobilität, Flexibilität und teamfähige Elastizität. Die Menschen internalisieren diese Anforderungen, nehmen sie in sich auf und halten sie für eigenen Antrieb, reproduzieren sie schließlich als Selbstoptimierung. Das hat Auswirkungen auf viele andere Lebensbereiche. Die Gesellschaft ist eminent leistungs- und wettbewerbsorientiert geworden und der Erwerbsarbeitsplatz ist stets grundsätzliche Bedingung, um sich seine Lebens-Mittel leisten sowie Freizeit, die ganz wesentlich auf Konsum beruht, gut verbringen zu können.

Leistung und Wettbewerb spielen mittlerweile sogar in der sportlichen Freizeit eine Rolle – viele Amateure greifen zu Dopingmitteln, Fitness-Trackern und optimierter Sportbekleidung.

Wohnumwelt

Wohnen wird monetär anspruchsvoller, »mit durchschnittlich 900 Euro im Monat gaben die privaten Haushalte in Deutschland im Jahr 2017 mehr als ein Drittel (36 %) ihrer Konsumbudgets für den Bereich Wohnen, Energie und Wohnungsinstandhaltung aus.«[56] Im Jahr 1960 waren das rund 15 Prozent.[57] Vor allem in den großen, wegen ihrer Arbeitsmarktsituation und Freizeit- wie Konsummöglichkeiten attraktiven Städten, wird Wohnen kontinuierlich teurer und eine leistbare Wohnung zu finden wegen des kontinuierlichen Zuzugs zunehmend schwieriger. Hier kommt natürlich die Politik der Europäischen Zentralbank dazu, die durch ihre jahrelange Nullzinsen-Strategie (damit reale Verluste

56 Quelle Statista.de, 2019.

57 Haustein, Sabine: Vom Mangel zum Massenkonsum: Deutschland, Frankreich und Großbritannien im Vergleich 1945-1970, Campus, Frankfurt 2007.

bei Spareinlagen) zu einem Boom, manche sprechen bereits von Blasenbildung, bei Wohnimmobilien geführt hat.

Wohnen ist der Privatbereich schlechthin. Wirtschaftliche Überlegungen kollidieren dabei mit persönlichen Wünschen, mit »Wohnträumen« und medial vermittelten Vorstellungen von der praktischen, zentralen City-Wohnung, wenn man ein Paar ist, oder vom unbeschwerten Leben im Grünen, wenn ein Kind aufwächst. Das Einfamilienhaus im Umland des Arbeitsortes mag vielen auf den ersten Blick leistbar erscheinen, kann sich aber mit den Mobilitätskosten (Auto), der schlechten Infrastruktur, oft abgeschnittenen sozialen Beziehungen und auch den ökologischen Kosten sowohl individuell als auch gesellschaftlich als fatal erweisen.[58]

Im Gegensatz zu vielen anderen europäischen Ländern spielen im deutschsprachigen Raum Mietwohnformen eine große Rolle. In Deutschland wohnten 2017 die Menschen zu 49 Prozent zur Miete und zu 51 Prozent im Eigentum, in Österreich lag der Mietanteil bei 45 Prozent, in der Schweiz bei 58 Prozent.[59] Das hat für die Stabilität von Haushalten und Paarbeziehungen Folgen. Wohneigentum scheint stabilere Paarbeziehungen zu fördern, im Fall einer Trennung haben die auseinandergehenden Partner neues Startkapital für den nächsten Lebensabschnitt zur Verfügung. Und, Wohnungseigentümer sind meist an einer flotten Rückzahlung von Wohnkrediten interessiert, sparen deshalb bei modischen Konsum- und Freizeitausgaben, verhalten sich also ökologischer.

Umweltpolitisch und sozialpolitisch sinnvoll wäre es deshalb gewesen, gerade auch wirtschaftlich schwächeren Paaren und

58 Vgl. beispielsweise Leitner, Tarek: Wo leben wir denn? Glückliche Orte. Und warum wir sie erschaffen sollten. Brandstätter, Wien, München 2015.

59 Mathias Brandt: Der DACH-Raum ist mietaffin, Statista Infografik, https://de.statista.com/infografik/4088/anteil-der-bevoelkerung-der-zur-miete-wohnt/

Familien Wohneigentumserwerb durch staatliche Förderung zu ermöglichen. Das allein wird jedoch noch keine Lösung sein. Hier braucht es ebenso ein Zurückdenken an die Zeit von vor hundert Jahren. Da begannen die Gemeinden und Städte mit einem leistbaren kommunalen Wohnbau. Diese Wohnungen wurden 70 Jahre später oft an private Unternehmen, sprich kommerzielle Heuschrecken, verhökert, da der Markt schon alles richten würde.

Nesthocker

Erwachsene Kinder verlassen immer später ihre Herkunftsfamilie. Mit durchschnittlich knapp 22,9 Jahren ziehen (2017) Frauen und mit 24 Jahren Männer in Deutschland von zu Hause aus (in Österreich mit 24,4 Jahren die Frauen und mit 26 die Männer).[60] In den Balkanländern, Italien oder Spanien liegt dieses Alter bei über 30 Jahren. Ein Hauptgrund ist in der oft teuer gewordenen Haushaltsgründung zu sehen. Junge Leute wollen vielfach den von zu Hause gewohnten Lebensstandard ebenso in der eigenen Wohnung haben. Medien und Werbung legen dies nahe und führen uns kontinuierlich Bilder von gehobenem Wohnkomfort vor. Jedoch, was Eltern langsam, vielleicht über Jahrzehnte sich aufgebaut haben (eine große Wohnung, Auto, die Haushaltstechnik usw.), kann bei einer neuen Haushaltsgründung nicht schlagartig fällig sein.

Ohne entsprechende Transferleistungen seitens der Eltern geht das nur mit Hindernissen, Verzögerungen oder eben Verzicht. Auf der Hand liegt, dass wirtschaftlich schwächeren Eltern meist

60 Quelle Eurostat, Statista.de: Durchschnittsalter junger Menschen beim Verlassen des elterlichen Haushalts nach Geschlecht in Ländern Europas im Jahr 2017. https://de.statista.com/statistik/daten/studie/73631/umfrage/durchschnittliches-alter-beim-auszug-aus-dem-elternhaus/

nur bescheidene oder gar keine Transferzahlungen an die jüngere Generation möglich sein werden. Dazu fallen im sogenannten »Hotel Mama« oft keine Kosten für die Lebensführung an, da die mitlebenden erwachsenen Kinder von den Eltern weiter alimentiert werden. Das ist heute auch bei den meisten Lehrlingen der Fall, die vor 50 oder 60 Jahren daheim noch »Kostgeld« aus der Lehrlingsentschädigung zahlen mussten. Das kann nun für persönlichen Konsum verwendet werden.

Konsumgesellschaft

Konsum ist wesentlich mehr als materielle Bedarfsdeckung. Konsumgüter wurden zu Mitteln der Selbstdarstellung, sozialer Anerkennung, sie dienen gegenüber anderen und für das eigene Selbstbild als Beleg für Leistung, Erfolg und Glück, ermöglichen vor allem so etwas wie Individualisierung. Das ist nicht neu,[61] es wurde nur prägnanter und hat mittlerweile alle gesellschaftlichen Gruppen und Lebensbereiche erfasst. Exklusive Güter und Lebensstile sind Ausdruck von individuellem Geschmack und Erfolg. Problematisch ist diese auf Konsum beruhende soziale Anerkennung und personale Identität für die Schichten unterhalb der Mittelschicht. Für diesen ökonomisch unteren Teil der Gesellschaft ist heute vieles bedroht: Wohnen, da es immer teurer wird; Arbeit, da hier ungebrochene Leistungsbereitschaft und steigende Ausbildung gefordert werden; Familie, da Geldmangel oder unzureichende Wohnverhältnisse deren Stabilität gefährden; und für viele Konsumwünsche reicht das Geld erst gar nicht.

61 Vgl. Thorstein B Veblen.: Theorie der feinen Leute. Berlin, Köln o. J. (1958); Original: The Theory Of The Leisure Class, 1899.

Medienrealität

Audiovisueller Medienkonsum wird immer umfangreicher: im Jahr 2018 waren es in Deutschland mehr als neun Stunden täglich,[62] davon knapp vier Stunden traditionelles Fernsehen. Oft wird dieses Medium heute im Verbund mit anderen Tätigkeiten genutzt.

Medien sind nun einerseits die Fenster zur großen Welt, andererseits wären sie die kontrollierende vierte Macht im Staat, so der Tenor politischer Bildung vor 40, 50 Jahren und ebenso das Selbstverständnis der kommerziellen und öffentlich-rechtlichen Medien. Schon früh hat die Medienkritik, hier wäre etwa Neil Postman zu nennen,[63] festgestellt, dass Medien die Realität verfremden. Massenmedien thematisieren nach ihrem Dafürhalten (das heißt nach den Interessen ihrer Eigentümer, Chefs und Mitarbeiter) und formen aus der gesellschaftlichen Wirklichkeit einen Extrakt, welchen sie dann der Gesellschaft wieder zurückspielen.

Sie berichten von bestimmten Ausschnitten der Lebenswelt »gerahmt«, um den Verständnishorizont ihrer Betrachter anzusprechen, Stichwort: Framing, in oft uniformer Art und konstruieren damit eine eigene Realität. Das – Stichwort: »Lügenpresse« oder »Lückenpresse« – ist gar nichts Neues, das haben nicht rechte und früh schon linke Politiker und Populisten erfunden. Das war in der Politik, sei es bei den Fürsten, den Diktatoren oder den politischen Parteien in parlamentarischen Demokratien, stets schon so. Taktische Formen der Verführung, oder um es gradliniger auszudrücken: der Manipulation, gehören seit jeher zur menschlichen Art und zwar im alltäglich Kleinen wie im Großen.

62 Presseinformation VAUNET (Interessenvertretung der privaten Rundfunk- und Telemedienunternehmen Deutschlands). 22. 1. 2019, https://www.vau.net/pressemitteilungen/content/mediennutzung-2018-deutsche-nutzen-erstmals-9-stunden-taeglich

63 Etwa sein Klassiker, Neil Postman: Wir amüsieren uns zu Tode, Frankfurt 1985.

Medien und ihre Verflechtungen

Medien sind kommerzielle Unternehmen, die natürlich von Parteien, Unternehmen, Lobbys und von sozialen Bewegungen genutzt werden. Selbst öffentlich-rechtliche Medien leben zu einem guten Teil von kommerzieller Werbung. Dabei verwischen sich heute Information, Unterhaltung und Werbung zusehends. Ohnedies hat sich der redaktionelle Inhalt oft schon der Werbung angepasst – eine Flut von »News«, kurz, »knackig«, unterhaltend, illustriert und oft belanglos. Redaktionell und werblich werden gehobene Konsumstandards als Selbstverständlichkeit dargestellt und durch ihre permanente Gegenwart für die Leser und Seher unterschwellig zur Norm erhoben: *das haben jetzt alle, das macht man heute so, das muss man haben, sonst ist man minderwertig und gehört nicht dazu*, so lautet die kontinuierlich wiederholte Botschaft dieser Mischung aus redaktionellem Inhalt und der bezahlten Werbung in den Medien. Es handelt sich dabei um einen manipulativen Generalangriff.

Konsum durchdringt nicht nur nahezu alle Lebensbereiche, er verdeckt auch alle anderen Alternativen, die nicht Konsum-basiert sind. Freizeitparks sind für Kinder und Eltern müheloser und interessanter, als selbst in eigener Planung durch Wälder zu wandern und die Natur zu entdecken. In das Auto zu steigen und sich vom Navigationsgerät zum Zielort bringen zu lassen, ist bequemer, als sich auf Fahrpläne öffentlicher Verkehrsmittel einzustellen. Ausgenommen für jene Gruppen, die dies als persönlichen Lebensstil entwickeln oder sich einem solchen anschließen. Aber, etwas Urban Gardening oder ein wenig vegetarische Ernährung ändern noch gar nichts an der umfassenden Einbettung in die Konsumwelt und der damit einhergehenden Fremdbestimmung.

Die Mühelosigkeit, die virtuelle Macht der Auswahl, der News-Wert unter Freunden, die erzielbare Anerkennung und auch der Selbstwert-Ertrag machen Konsum nach wie vor faszinierend (selbst wenn man den alltäglichen Lebensmitteleinkauf eher als belastend empfindet). Beim »Konsum« sind eigene Fehler problemlos korrigierbar, sofern man genügend Geld hat. All das bieten eine Partnerschaft und Kinder nicht – im Gegenteil, sie lassen die eigenen Konsummöglichkeiten verschwinden, beanspruchen Freizeit und private Zeit, stellen langfristige Verpflichtungen dar und verlangen Kompromissfähigkeit. Familie belastet, Konsum entlastet, das erfassen Menschen meist recht gut.

Zwischenresümee

Langfristige Verpflichtungen und Einschränkungen beim eigenen Konsum (und seinen Versprechungen, die viele Stunden täglich auf uns einprasseln) lassen familiäres Glück und seine Kosten häufig in einem anderen Licht erscheinen. Diese familiäre Welt wirkt gegenüber der Leistungsgesellschaft und ihrem Dogma, dass nur Anerkennung findet, wer im Beruf und folglich beim Konsum Erfolg auszuweisen hat, wie eine vergangene, eine einstmals vielleicht goldene, aber nur mehr mühsam in der Gegenwart zu realisierende Zeit.

Mobilitätsansprüche des Einzelnen und vor allem seines Arbeitgebers, dazu Unsicherheiten am Arbeitsmarkt einerseits, andererseits das Bedürfnis, keinesfalls auf die Annehmlichkeiten vieler Konsumgüter verzichten zu wollen (der Ratchet-Effekt[64] des Konsums), lassen das Gelingen dauerhafter familiärer Bindungen

64 Dieser Ratchet- oder Sperrklinkeneffekt lässt die Entwicklung nur in eine Richtung zu: mehr, besser, niveauvoller.

für viele in einem heute skeptischen Licht erscheinen. Sie beeinträchtigen den subjektiv wahrgenommenen Freiheitsgrad, den Beruf und Konsumerfordernisse bei knappem Geld noch übrig lassen, erheblich. Für die sozialen Sicherungssysteme, heute schon für Familien unzureichend, wird längerfristig mit keinem Besserungsschub zu rechnen sein. Die klassische Kernfamilie als Lebensmodell dürfte damit weiter aus dem Zentrum der Wahrnehmung der Menschen rücken und auf diese Weise langsam verschwinden.

Die kulturellen Veränderungen der Innenwelt

Wie bereits in einem früheren Kapitel angesprochen, haben sich in unseren westlichen Gesellschaften in den letzten Jahrzehnten zwei große Subkulturen, zwei Großmilieus herausgebildet. Die herkömmlichen, traditionell orientierten Materialisten bilden die Mehrheit, daneben etablierten sich seit der »68er-Bewegung« und ihrem kulturalternativen Umbruch die Postmaterialisten, die heute ein auf Individualität und Multikulturalität orientiertes Großmilieu geworden sind. Wenn sich in Gesellschaften kulturell etwas grundsätzlich verändert, wie hier die Teilung in zwei Großmilieus, dann wandelt sich damit auch die Qualität des Privaten und des Öffentlichen. Es bilden sich langsam zwei Parallelgesellschaften nebeneinander aus. Dazu kommen durch die hohe Immigration weitere wachsende Parallelgesellschaften. Welche Folgen hat nun so eine kulturelle Entwicklung?

Zwei große Kulturgruppen

Natürlich ist diese Teilung der Kultur in zwei große gesellschaftliche Milieus, in Postmaterialisten (oder Fortschrittliche) und

Materialisten (oder Traditionelle) eine unscharfe Angelegenheit. Postmaterialisten wären dabei im Wesentlichen die Nachfolgegenerationen der Jugendbewegung der 1968er-Jahre, die Charles Reich in seinem nach wie vor lesenswerten Buch »The Greening of America« beschrieben hat.[65] Andreas Reckwitz sprach vor einigen Jahren von diesen zwei Subkulturen innerhalb einer noch national-wirtschaftlich und national-rechtlich zusammengehaltenen Gesellschaft, die sich langsam in eine globale Gesellschaft aufzulösen beginnt, als Multikulturalisten und Kulturessenzialisten.[66]

Natürlich gab es in der Gesellschaft vor 1968, wie in jeder Gesellschaft bislang, Klassen oder Schichten, wie man das dann später nannte. Die Bauern, die Arbeiterklasse, die Angestellten der Mittelschicht, Kleinbürger und Bildungsbürger, die Großbourgeoisie, die Aristokratie, sowie der Klerus. Eine solche sozialstrukturelle Hierarchie, also eine Art sozialer Schichtung, scheint es bei vielen Gesellschaften von Lebewesen, nicht nur bei den Menschen, zu geben. Pierre Bourdieu hat diese Milieus, diese Subkulturen, Schichten oder Klassen für das moderne Frankreich beschrieben.[67] Sie waren nach dem Zweiten Weltkrieg mit dem Entstehen der Konsumgesellschaft etwas weicher, durchlässiger, weniger abgegrenzt. Aufstieg durch Erfolg in der Berufstätigkeit oder durch Heirat – wenn man von den vielen Heiratsverboten, die es bis in das Zwanzigste Jahrhundert gab, einmal absieht – war möglich. In den goldenen Jahren der Nachkriegsgesellschaft gab es dazu ein politisch immer wieder herausgestelltes Aufstiegsversprechen: wer leistungswillig war und natürlich ebenso anpassungsbereit,

65 Charles A.Reich: The Greening of Amerika. Random Books, New York 1970.

66 Andreas Reckwitz: Zwischen Hyperkultur und Kulturessenzialismus, in: Soziopolis, 24. 10. 2016, http://www.soziopolis.de/beobachten/kultur/artikel/zwischen-hyperkultur-und-kulturessenzialismus/

67 Pierre Bourdieu: Die feinen Unterschiede - Kritik der gesellschaftlichen Urteilskraft, Frankfurt/Main 1984.

der konnte sozial und ökonomisch vorwärtskommen. Die feinen Unterschiede der jeweiligen Klassenzugehörigkeit konnte er oder sie eben mehr oder weniger mühsam erlernen. In so einer Übergangszeit nannte man diese dann beispielsweise die Neureichen. Und dem typischen Arbeiter war es, wenn er fleißig war, möglich, seine Frau als Hausfrau und seine zwei Kinder zu ernähren, dazu ein Häuschen am Stadtrand zu bauen, ein Auto zu haben, einmal im Jahr in Italien Urlaub zu machen und eines seiner Kinder vielleicht sogar studieren zu lassen. Das ist heute wesentlich schwieriger bis unerreichbar geworden. Sozialer Aufstieg ist schwieriger, die Angst vor dem wirtschaftlichen Abstieg und des drohenden Sparenmüssens[68] hat sich erhöht.[69]

Aufbruchsideen

Noch einmal zurück zur kulturellen Entwicklung. Kernpunkte dieser vor einem halben Jahrhundert entstandenen Gegenkultur waren die versuchte Befreiung von als repressiv empfundener Sexualmoral und den entsprechenden Verhaltensnormen, die Legalisierung von Homosexualität und Drogen, die freie Rede, eine Ächtung von Militarismus, Gewalt und Rassenschranken. Es folgte damit die Ablehnung der traditionellen Hochkultur ebenso wie der braven, anpasslerischen Alltagskultur und der außengeleiteten religiösen Traditionen. Sogar eine Vergemeinschaftung von Eigentum schien möglich, die Abkehr von der Konsumgesellschaft und eine Befriedung von Zivilisation und Natur (Ökologie) war plausibel, neue Wohn-, Arbeits- und Lebensformen, Individualität,

68 Oliver Nachtwey: Die Abstiegsgesellschaft. Über das Aufbegehren in der regressiven Moderne. Suhrkamp, Berlin 2016.

69 Heinz Bude: Gesellschaft der Angst. Hamburg 2014.

subjektive Sinnsuche und die Akzeptanz Andersdenkender, zumindest eine gewisse achselzuckende nichtaggressive Toleranz ihnen gegenüber. All das schien möglich. Das war schon ziemlich neu und ganz anders, als die herkömmliche Miefigkeit, noch bekannt aus Monarchie, Faschismus und Nachkriegszeit.

Perspektivisch sind Postmaterialisten kosmopolitisch und multikulturell orientiert, der Nationalstaat wird von ihnen als eng, dumpf, veraltet empfunden, Heimat klingt einem autoritär, jedenfalls altbacken, die große, offene, bunte Welt hingegen ist eine willkommene Alternative. Ökologie, Tierschutz, vegetarische oder besser noch vegane Ernährung zählen als Alternative, ebenso wie »authentische« Konsumgüter, Manufakturwaren oder traditionell und handwerklich hergestellte Dinge. Kinder werden als Partner, Geschlecht nicht nur biologisch sondern auch als kulturell geprägt, verdichtet verstanden; Diskussion, Empathie und demokratische Aushandlungsvorgänge wären für das Selbstwertgefühl, Selbstverständnis und das gemeinsam erzielte und akzeptierte Ergebnis recht bedeutsam.

Postmodernes Vermischen

Dabei kreist ein »romantisches Subjektivierungsmuster der ›Selbstentfaltung‹« (Andreas Reckwitz) nicht nur um Individualität und Diversität, viele unterschiedliche Kulturelemente werden in multioptionaler Selbstbedienungsform gemischt, sofern sie irgendwie fortschrittlich scheinen – das ist ja überhaupt das Wesensmerkmal der Postmoderne. Auswahl und Kombination mit dem Ziel sozialer Anerkennung, dieses Muster hat schon in der klassischen (modernen), jetzt alten Konsumgesellschaft eine große Rolle gespielt. Soziale Anerkennung meint damit nicht die von der Gesamtgesellschaft, sondern die vom eigenen Milieu, von der eigenen Gruppe, denn nur das zählt. Das ist eine Differenzierung, eine kulturelle Segregation, wie sie bei den Halbstarken und ein Jahrzehnt später dann bei den 68ern der Fall war, allerdings bilden sich so natürlich Milieufeindschaften aus. Und: der postmoderne Mensch will als dieses kombinatorisch-individualisierte, im selbstgeprägten Wandel sich verstehende Subjekt, von allen anderen ganz ernstgenommen werden.

Ist dies nicht der Fall, bekommt man nicht zureichende Akzeptanz, dann wird das als symbolische Gewalt, die gegen einen wirkt, verstanden.[70] Mit nüchternem Blick gesehen ist so ein Verständnis bzw. Selbstverständnis jedoch nichts anderes als neurotisches Denken und Verhalten. Wer dies als zentrales Verständnis seines Zugangs zur Alltagswelt sieht, ist entweder völlig neu auf der Welt oder psychisch krank, oder er will systematisch die Struktur des Sozialen, wie wir sie bislang kannten, vollständig auflösen. In der Folge würde dann alles flüchtig, fluide, wandelbar, beiläufig und unverbindlich, wie das Zygmunt Bauman[71] ansatzweise beschrieben hat. Das »Soziale« gäbe es nicht mehr, denn das war ja das verbindlich Intersubjektive, also mit der Umwelt Geteilte.

Ein gebrochener Wandel

Anders als die eben beschriebene Kulturentwicklung, die von der sogenannten »68er«-Jugend angeschoben wurde, haben sich heute die Jüngeren von der aktiven gesellschaftlichen und politischen

70 Pierre Bourdieu hat diesen Begriff geprägt, vgl. Schmidt, Robert, Woltersdorff, Volker (Hg.): Symbolische Gewalt. Herrschaftsanalyse nach Pierre Bourdieu. UVK Verlagsgesellschaft, Konstanz 2008.

71 Zygmunt Bauman: Moderne und Ambivalenz. Hamburger Edition, Hamburg 2005 (1992).

Gestaltung weitgehend verabschiedet.[72] Ein Aufflackern des Widerständigen gab es allerdings ab Ende 2018, Anfang 2019 mit der »Friday for Future«-Initiative und ihrer, von dieser Bewegung, ebenso den Medien und der traditionellen Politik gelobten Ikone Greta Thunberg. Der positive Gleichklang von Medien, Politik und Industrie und deren Wohlwollen wird manche nachdenklich gemacht haben. »Die Theorielosigkeit der Klimabewegung«[73] war übrigens ein typisches Merkmal aller bisherigen ökologischen Initiativen und neueren sozialen Bewegungen.

Bislang herrschte ja seitens der Jungen ein interesseloses Misstrauen gegenüber der etablierten Politik, ausgenommen die diffuse Sympathie zu grünen und als links verorteten Themen. Selbst beim postmaterialistisch/multikulturellen Milieu macht sich Distanz zu den herkömmlichen (grünen und linken) Parteien breit, eine mehr oder weniger große Abneigung gegenüber den parteipolitischen Apparaten. Eine skeptische Zuseher-Haltung, die ein gutes Stück damit zu tun hat, dass aus der früheren Aufstiegs- mittlerweile eine Abstiegsgesellschaft und aus dem alten Nationalstaat und der intransparenten EU eine undurchsichtige politisch-wirtschaftlich-militärisch-mediale Struktur geworden ist.

Deformiert hat sich zusätzlich die gesellschaftliche Kommunikation, also die Kommunikation in der alltäglichen Lebenswelt – sie ist heute selbst außerhalb von Politik, Wirtschaft und Medien im wesentlich nur mehr PR und Werbung. Die Individuen sind in einer auf Wettbewerb und Anerkennung getrimmten Gesellschaft,

72 Bernhard Heinzlmaier: Generation Supercool. Empathielosigkeit und soziale Kälte unter Jugendlichen – eine Konsequenz der Konkurrenzgesellschaft? Wien, 2017. https://jugendkultur.at/wp-content/uploads/Dossier_Generation_Supercool_2017.pdf.

73 Alex Struwe: Sie wissen nicht, was sie tun. In: Jungle World, 2019/32, https://jungle.world/artikel/2019/32/sie-wissen-nicht-was-sie-tun.

zu Selbstvermarktern geworden und haben die Sprache von Public Relations, Werbung und Lobbying in den eigenen Alltag übernommen.

X, Y und Z. Jugend, Juvenilisierung, Infantilisierung

Anteilsmäßig an der Bevölkerung ist »die Jugend« in den nord-westlichen Zentralräumen dieser Welt zwar deutlich geschrumpft – in hundert Jahren, im 20. Jahrhundert, hat sie sich auf 20 Prozent halbiert, kulturell hat ihre Bedeutung jedoch massiv zugenommen – die ganze Gesellschaft, selbst die Alten, alle sind sie heute jugendlich geworden.[74] In der Marktforschung wird mittlerweile »die Jugend« als herausgehobene, jeweils zeitlich voneinander abgesetzte Generation gesehen und mit dem jungen Erwachsensein ergänzt, was insofern berechtigt ist, als ja einerseits wesentlich mehr junge Leute studieren (oder sich in Ausbildung befinden) und andererseits die Ausbildungsphasen insgesamt länger dauern als früher.

Zur Marketingperspektive: Den »Baby-Boomern« als nachkriegsgeborene Generation folgte die störrische Generation 68, dieser dann die angepasste »Generation Golf«, schließlich die Generationen X, Y und schlussendlich die Generation Z als die jüngste ab den Geburtsjahrgängen in den späten 1990er-Jahren. Aber, hier ist Vorsicht geboten, denn die Wesensmerkmale solcher Generationen werden mehr episodisch von großstädtischen Mittelschichtpopulationen und medial inszenierten Zeitgeistkonstruktionen abgeleitet und sind vor allem vom Marketing statt von einem nüchternen Blick auf die Welt inspiriert.

74 Wilfried Ferchhoff: Jugend und Jugendkulturen im 21. Jahrhundert. Lebensformen und Lebensstile. VS Verlag für Sozialwissenschaften, Wiesbaden 2007.

Typisch scheint jedoch heute – gemeint sind jetzt vor allem die Generationen Y und Z – die scheinbar recht individuelle Attitüde zur Alltagswelt, das Sich-Abfinden mit vorgefundenen und dabei das Ausprobieren von unterschiedlichen Möglichkeiten des Lebens im Dschungel der Großstadt, generell die bescheidenere Planung von Lebensentwürfen (»irgendwas mit Kultur oder Medien machen«), und das Sich-Anstoßen-Lassen von Optionen (»nach dem Büro machen wir dann noch was«) im Alltag.

Y und Z: urban, sarkastisch, unterkühlt

Der jugendlichen Multikulturalitäts- und Postmodernitäts-Grundhaltung, die heute die mediale und großstädtische Lebenswelt der jungen Mittelschichten dominiert, entspricht, dass Coolness, Ironie, Sarkasmus und mitunter auch aggressiver Zynismus als zentrale Überlebensstrategien und Grundeinstellung der »Jungen« gelten. Das legt nahe, dass man so einer Lebenswelt zusehends fatalistischer und distanzierter gegenübersteht.

Berufsarbeit ist gerade für die moderne Jugend (und die jungen Erwachsenen) vor allem eher Job und Geldverdienen als ein Impuls für authentische Selbstverwirklichung. Dieser Perspektive folgt eine recht große augenscheinliche Zufriedenheit mit der eigenen Berufsarbeit, 92 Prozent sind es, die sich zufrieden geben.[75] Genügsamkeit einerseits, Skepsis andererseits, das betrifft Bildungssysteme insgesamt, die Medien, die Haltung zu sozialer Ungleichheit und zu den gesellschaftlichen Institutionen generell. Wobei deutsche Jugendliche hier doch deutlich weniger

75 Wert für Österreich, IMAS: Arbeitswelt: Der Vorgesetzte in den Augen der Mitarbeiter, IMAS-Report 12/2017, Linz 2017.

misstrauisch sind, als die Jugendlichen (und jungen Erwachsenen) in anderen europäischen Ländern.

Dessen ungeachtet hat man noch die traditionellen Werte und Haltungen im eigenen Rucksack, die bei Befragungen dann reflexartig zur Verfügung stehen. Familie und Kinder sind sozusagen theoretisch wichtig, in der Praxis jedoch sind Kinder für Selbstentfaltung und in Hinblick auf zeitliche und finanzielle Kosten dann eben oft hinderlich. Zugleich verfügen die Jungen über schablonenhafte Lebenspläne, die sich auf den ersten Blick von denen der Eltern und Großeltern wenig unterscheiden, die aber nach und nach pragmatisch ummodelliert werden (müssen). Die hohen Kosten persönlicher Lebensführung (bei eigener Wohnung) hat man akzeptieren gelernt, duldet meist die ökonomische Abhängigkeit von den Eltern und bleibt deswegen oft bei ihnen wohnen, auch wenn das nicht ins eigene Lebenskonzept passt. Romantisch inspirierte (im Rucksack mittransportierte) Vorstellungen und Alltag klaffen mithin oft weit auseinander.

Sexualität und Genderfragen

Die herkömmliche, also gemeinsam lebende Familie mit heterosexuellem Elternpaar und Kind(ern) wird seit geraumer Zeit von neuen Lebensformen ergänzt. Homosexuelle Partnerschaften, vor allem wenn Kinder dabei sind, werden medial mit asymmetrisch hoher Aufmerksamkeit und Zuneigung bedacht, gewissermaßen zum Hype befördert. Lebensabschnittsbeziehungen und Fernbeziehungen (Living apart together) haben die zeitliche und räumliche Lebensstruktur weniger dauerhaft gemacht, gelten aber als mögliche ultima ratio modernen Lebens; Stiefeltern- und Stiefkinder-Beziehungen bzw. Patchwork-Familien sind bei den hohen Trennungsraten häufig und damit selbstverständlich geworden, neue Formen der Elternschaft (künstliche Befruchtung, Leihmutter etc.) haben sich entwickelt, mit genügend Geld lässt sich eine Art von Wunschkind bestellen: Vater aus den USA, Mutter aus Frankreich, ausgetragen von einer Leihmutter in Indien – das ist perfekte Konsumkultur, ab nun eben auch beim Kinderkriegen.

Gänzlich neue Lebensformen, wie Polyamorie oder Polygamie sind insbesondere am medialen Horizont aufgetaucht und werden wohlwollend gefeiert. Bislang halbwegs verlässliche Strukturen einerseits und Erwartungen andererseits haben sich, gerade wenn ein starker Bezug zur Sexualität besteht, weiter verflüssigt und später dann verflüchtigt (Zygmunt Baumann). Dazu kommt, dass in der multikulturalistischen Kultur »Genderfragen« zu einer eminent wichtigen Angelegenheit geworden sind. Geschlecht wäre nicht biologisch, sondern nur mehr kulturell bedingt und individualistisch in vielen Formen realisierbar[76], heißt es seit einigen Jahren und das ist in Hinblick auf die vielfältigen personalen psychischen Beschädigungen und Störungen (um Freud zu paraphrasieren: neurotische Muster gehören zwangsläufig zur zivilisierten Lebenswelt) durchaus auffordernd (und legitimiert durch die an den Universitäten implantierte Ideologie »Genderforschung«) als Befreiung gemeint. Wäre es bloß nicht so krass psychopathologisch, um es im herkömmlichen Verständnis zu sehen …

Sexuelle Lustlosigkeit

Vor 50 Jahren war die sexuelle Revolution, zuerst auf dem Druckpapier und später dann langsam, verhalten und schließlich als

76 Was ein derartiges Verständnis allerdings zu einer mitunter esoterischen Angelegenheit macht, selbst wenn es sich mit wissenschaftlichem Anspruch zu betätigen versucht.

dezidiert lockeres Sexualverhalten bis hin zur Promiskuität, in der Alltagspraxis anzutreffen. Das Attraktive am Sexuellen scheint sich mit der repressiven Toleranz der Gesellschaft gegenüber allem, was mit Sexualität zu tun hat (ausgenommen die alten Tabuthemen Inzest und Pädophilie, die übrigens vor 120 Jahren in Großstädten noch eine geduldete Praxis war), sowie der unbegrenzten Möglichkeiten des Konsumkosmos langsam zu wandeln. Sex wird für manche Menschen zur Last, zu einem nie wirklich gänzlich erfüllbaren Begehren, da jeder mögliche Partner stets zu wenig attraktiv, zu wenig anziehend ist.[77] Ebenso: Sex kostet meist Zeit, Geld, Aufwendungen, mühsame Abstimmung mit dem anderen, Rituale und anderes mehr. Sexualität wird in einer von Erwerbsarbeits-, Konsum-Wettbewerb und gleichzeitig omnipräsenter Pornografie durchgeprägten Gesellschaft zu einer Mühsal, hat es den Anschein. In Japan hatte jeder zweite Verheiratete im abgefragten letzten Monat keinen Sex, die Hälfte der 18- bis 24-Jährigen übrigens hatte bislang noch nie Geschlechtsverkehr, so Studien dazu.[78]

Sex wird also langsam von einer ersehnten zu einer eminent beschwerlichen Angelegenheit, da einer mittlerweile nicht mehr weiß, wie ein Partner tickt, gerade in Zeiten der Gendersubkulturen und weiblicher wie männlicher Multioptionsmöglichkeiten. Der Kosmos des modernen Sexuellen scheint recht kompliziert geworden zu sein, besser also, man lässt es gleich und bleibt bei sich allein.[79] Es ist schon eine merkwürdige Angelegenheit – die alte Befreiung der Sexualität hat mit vielen dazugekommenen

77 Eva Illouz: Warum Liebe endet. Suhrkamp Verlag, Berlin 2018.

78 Florian Rötzer: Sex ist Mühsal, in telepolis 13. 2. 2017, https://www.heise.de/tp/features/Sex-ist-Muehsal-3622914.html.

79 Claudia Schumacher: Die neue Lustlosigkeit: Warum sich junge Menschen dem Sex verweigern. In: NZZaS (Neue Zürcher Zeitung am Sonntag) 26.5.2019. https://nzzas.nzz.ch/gesellschaft/sex-wird-fuer-junge-menschen-unwichtiger-ld.1484240 .

Wendungen, Übersteigerungen, Kapricen und Allüren offenbar zu einer Beschädigung bis hin zur Devastierung des Sexuellen geführt. Gefängnis statt Befreiung also.

Mögliche Folgen für das Modell Familie

Von Gender-Aktivistengruppen entwickelt und dann von der multikulturalistischen Kultur und vielen Medien übernommen, ist der »alte, weiße, heterosexuelle Mann«[80] heute ein Kampfbegriff gegen die konservative Mehrheitskultur (des traditionellen Großmilieus), die konnotativ das klassische Familienmodell mit umfasst. Hinzu kommt, dass es mittlerweile völlig legitim geworden ist, wenn Frauen und Männer kein Kind – mithin keine Familie – haben wollen. Dies wird selbst von liberal-konservativen Medien heute intensiver thematisiert, von manchen gar als sinnvoll bis zwingendes ökologisches und feministisches Credo verlautbart.[81] Für das Verständnis und Selbstverständnis familialer Strukturen und persönlicher Rollen werden diese Relativierungen wohl nicht unproblematische Folgen haben. Familiäre Beziehungen werden sich noch variabler, beliebiger und insbesondere brüchiger zeigen.

Bedauernswert sind hier in erster Linie die Kinder, die aus entwicklungspsychologischen Gründen auf stabile Gegebenheiten und Ordnungsrahmen für ihre Welt angewiesen sind, auch wenn Medien und Politik hier vieles schönreden wollen. Vor

80 Im Zuge des US-Präsidentschaftswahlkampfes als typischer Trump-Wähler diffamiert, was so überhaupt nicht zutraf, ebenso nicht bei der Brexit-Abstimmung 2016, dort war die Jugend am Abstimmungsergebnis weitgehend desinteressiert. Der Begriff ist in nuce ein hetzerischer Ausdruck, was an sich multikulturalistisch verpönt sein sollte – aber was gilt, das bestimmen die besonders »Guten«.

81 Etwa Kerstin Mitternacht: Kinderlose Frauen. Es geht auch ohne. In: Frankfurter Allgemeine Zeitung, 13. 4. 2017. http://www.faz.net/aktuell/gesellschaft/menschen/warum-frauen-keine-kinder-wollen-die-gruende-sind-vielfaeltig-14940656.html. Verena Brunschweiger: Kinderfrei statt kinderlos. Ein Manifest. Büchner-Verlag, Marburg 2019.

allem die Online-Jugend-Ausgaben der deutschen Mainstream-Medien, etwa *bento* (*Der Spiegel*), *ze.tt* (*Die Zeit*) oder *jetzt* (*Süddeutsche Zeitung*) strotzen hier mit relotiusartiger, einseitiger Schönzeichnerei von Patchwork-Verhältnissen und sexueller Freizügigkeit. Unangenehme gesellschaftliche Entwicklungen werden lange verharmlost, gewissermaßen ausgesessen; wenn sie problematischer werden, kann man dann halt leider nicht mehr viel machen. Dieser Trägheitseffekt von Politik ist freilich keine neue Entwicklung.

Die kulturelle Relativierung des Modells Familie mit belastbaren Rollenverständnissen und Beziehungen wird von den »harten« realen Entwicklungen in der Arbeitswelt ergänzt. Örtliche und zeitliche Mobilität gehören in vielen Fällen zum Anforderungsprofil beruflicher Tätigkeiten, oft müssen instabile, prekäre Arbeits- und Entlohnungsbedingungen akzeptiert werden, etwa statt als Angestellter nun als Ein-Personen-Unternehmer und in unterschiedlichen Projekten – die Postmoderne liebt Projekte – tätig sein. Permanente Entwicklungsbereitschaft wird gefordert, im Klartext heißt das Anpassung in erster Linie an betriebswirtschaftliche und gesamtwirtschaftliche Abläufe und Veränderungen. Derartiges ist jedoch für Lebensverhältnisse, die halbwegs stabile Bedingungen erfordern (Paarbeziehung, Kind, Kreditverpflichtungen, Wohnung, Schule, Stabilität des Umfelds) wenig förderlich bis krass schädlich.

Selbstgewollte Deformation?

Allerdings, das sollte nicht übersehen werden, die Arbeitsmarktveränderungen entwickeln sich nicht völlig konträr zu den Vorstellungen der Menschen. Gerade die jüngeren urbanen

Postmaterialisten aus der Mittelschicht wollen selbst Flexibilität, Mobilität, Selbstständigkeit haben, sie lieben Auslandsaufenthalte und neue Herausforderungen; auch Wünsche nach Teilzeitarbeit sind nicht mehr an das Familienleben oder ein zu betreuendes Kind gebunden, wie das früher noch der Fall war, sondern jetzt geht es um die Verwirklichung subjektiver Vorlieben, um Zeit für sich, Zeit für die eigenen Passionen oder Spinnereien. Abwechslung und Erlebnisorientierung wurden von einer Haltung, die in der Freizeit galt, für viele zu einem alle Bereiche umfassenden Lebensstil. Das mühsame wöchentliche oder zweimal wöchentliche Fliegen von Wien nach Brüssel wird dabei gern in Kauf genommen, da es »internationales Flair hat«, »kosmopolitischen Charakter«, wie sich das jüngere Beamte und Wirtschaftsvertreter gerne schönreden und sogar glauben; vor allem, weil sich ihnen und ihrer Umwelt damit ihre Wichtigkeit und Bedeutung darstellt.

Zur geforderten Flexibilität und Mobilität gehört, persönliches Scheitern nicht mehr nur äußeren Bedingungen zuzuordnen, sondern einen an sich selbst gestellten Verbesserungsanspruch zu erfahren. Brav wird hier das postmoderne und neoliberal inspirierte Grundmotiv apportiert, das eben jeder für sich selbst verantwortlich sei. Das zeigt sich, nebenbei erwähnt, an den Fitness- und Selbstoptimierungsbestrebungen vieler Menschen, dann insbesondere an der deutlich expansiven Entwicklung der Schönheitschirurgie. Schöner werden, um mehr Chancen in seinem Leben zu haben. Das ist ja überhaupt die ganz große biologische Ungerechtigkeit: die Mehrheit der Menschen entspricht nicht den gängigen, von Medien und Werbung rund um die Uhr verlautbarten Schönheitsidealen. Bei all dem herrscht jedoch eine weitgehende Kritiklosigkeit, um nicht zu sagen Kritikunfähigkeit. Menschen reproduzieren ihre Konsumgesellschaft und verraten dabei viele ihrer tiefen, autochthonen Bedürfnisse. Oder reagieren mit zwangsneurotischem Verhalten darauf. Solche Zwangsneurotik ist kein sinn-gegebenes Handeln, sondern eine notwehrartige unbewusste Reaktion auf die mit seinem eigenen psychischen Entwicklungsstand nicht mehr beherrschbaren Zumutungen der Umwelt.

Zwangsneurotiker

Mit Zwangsneurotikern, die außer in der Erwerbsarbeitswelt (die Unterwürfigkeit des autoritären Charakters) und in der Konsumsphäre (lustvolle Auswahl), sich nicht mehr besonnen, verträglich und nachgiebig auseinandersetzen können, wird es wenig Chancen für zufriedenstellendes privates Leben, für geglückte Familien geben. Noch dazu, wo heute in den großen Städten keine Notwendigkeit mehr besteht, auf einen anderen, nahen Menschen Rücksicht nehmen zu müssen. In den Städten funktioniert die Bereitstellung von Gütern und Dienstleistungen problemlos 24 Stunden täglich alle 7 Tage der Woche lang. Essen und Trinken, ebenso Verkehrsdienstleistungen sind jederzeit erhältlich, kommerzielle und selbst nichtkommerzielle Sexualität ist heute mit Dating-Software unkompliziert »manageable«, für die Wohnung sind Reinigungsleistungen problemlos zukaufbar. Eine Küche in der Wohnung braucht es dann ebenfalls nicht mehr. Man kann als Single kompromisslos nur seinen eigenen Vorstellungen folgen, in einer Schlaf-Wohnung leben, oder noch besser (allerdings teurer) im Appartement eines Hotels. Für freiheitsliebende Singles mag das eine wünschbare Zielvorstellung sein, die heute schon realisiert werden kann, wenn das Einkommen stimmt. Im Hotel zu wohnen und im Kaffeehaus zu arbeiten war beispielsweise für den Wiener Literaten Peter Altenberg Anfang des 20. Jahrhunderts tatsächlich ein Lebensmodell. Persönliches Leben kann ganz ohne Haushalt und familiäre Beziehung funktionieren.

Entwicklungen ...?

Die demografischen Entwicklungen werden sich kaum umkehren lassen. Die Geburtenzahlen der einheimischen Bevölkerungen werden möglicherweise weiter zurückgehen, die Paarbeziehungen werden ebenso nicht wieder stabiler werden, Menschen werden sich noch intensiver überlegen, ein Kind zu bekommen.

Die Konsumgesellschaft wird weitergehen, vielleicht auch in neuen Formen. Die fortschreitende Rationalisierung in Industrie, Gewerbe und Handel wird weitere Arbeitskräfte freisetzen. Das, was heute als Digitalisierung 2.0, 3.0 und mit ähnlich griffigen Schlagworten kursiert, ist nur ein Nebeneffekt dieser Rationalisierung. Diese begann übrigens nicht mit Henry Fords Fließbandproduktion des Autos zu Anfang des 20. Jahrhunderts, sondern schon ein paar Jahre vorher in den Schlachthöfen des Nordens der USA, als industrielle Form der Produktion von Fleisch. Genau besehen, noch früher: Mitte des 19. Jahrhunderts in der Waffenindustrie, bei Colt, einem der ersten Hersteller des Revolvers, also einer revolutionären, mehrschüssigen, da automatisiert nachladenden Handfeuerwaffe zur Tötung der widerspenstigen Indianer in Nordamerika. Zynisch gesagt: so ist Zivilisation.

Sich eine Lösung des sogenannten »Demografieproblems«, also eine Gegenentwicklung zur schrumpfenden Bevölkerung herbeizusehnen, wie sich das viele Demografiewissenschafter und ebenso Politiker wünschen (den Grund dafür sagen sie meist nicht), geht übrigens ökologisch fehl. Wir sind global viel zu viele Menschen, das »Raumschiff Erde«[82] kommt längst an seine Kapazitätsgrenzen. Die Menschen dieser Welt sind mehrheitlich wohl an keiner frugalen Subsistenz-Existenz interessiert, sondern am westlichen Wohlstand, mit dem sie auch in der Dritten Welt durch massive Werbung traktiert werden. Durch Immigration aus anderen Kulturen, wie das die simplere Sorte der Demografiewissenschafter gerne propagiert, wird sich keine Lösung finden lassen.

82 Richard Buckminster Fuller: Bedienungsanleitung für das Raumschiff Erde, Rowohlt, Reinbek 1973.

6 Die große Ungerechtigkeit – soziale Strukturen

Ein paar Worte als Einführung. Mit Sozialstruktur bezeichnet man die soziale Schichtung in einer Gemeinschaft oder, sarkastisch gesagt, in einer Zwangsgemeinschaft, wie es die Gesellschaft ist, in die einer hineingeboren wurde, der Einzelne hat sich das ja nicht ausgesucht. Natürlich ist Schichtung ein Begriff, der mit Hierarchie zu tun, etwa Arbeiter und Unternehmer, die Armen und die Reichen. Genau das ist das heißeste Merkmal der sozialen Rangordnung, das Geld, über das jemand verfügt. Geld (Einkommen, Vermögen), Beruf, Macht, Ausbildung und sexuelle Attraktivität, das sind die wesentlichen Dimensionen, die die Position eines Menschen innerhalb seiner Gemeinschaft ausmachen, wobei die sexuelle Attraktivität eines Menschen im Alltag zwar überhaupt nicht, in sozialwissenschaftlichen Analysen hingegen stets unter den Tisch fällt.

Seit vielen Jahren wird das herkömmliche Sozialstrukturmodell der Sozialwissenschaften, das sich an den klassischen Dimensionen Einkommen, Berufstätigkeit, sozialer Status und formale Ausbildung orientierte, gern durch ein ökonomisches Verständnis ersetzt, das sich ausschließlich am Erwerbseinkommen orientiert. Zur Mittelschicht gehört dabei, wer mit seinem Äquivalenz-Nettoeinkommen oberhalb von 70 Prozent und unterhalb von 150 Prozent des Medianeinkommens liegt. Darüber ist man Oberschicht, darunter Unterschicht (Erläuterung in der Fußnote).[83] Rund 60

83 Beim Äquivalenzeinkommen geht man davon aus, dass es in den privaten Mehrpersonenhaushalten Skaleneffekte gibt. Das heißt, wenn zwei Personen miteinander leben, wird es für beide billiger. Man braucht nur einen Kühlschrank, ein Auto usw., zwei Personen kosten damit nur 1,5mal so viel wie eine jeweils allein. Früher gab es länderweise etwas

Prozent der Menschen in den mitteleuropäischen Gesellschaften gehören demnach zur Mittelschicht. Diese Ökonomisierung, diese Vereinfachung des Schichtmodells ist natürlich eine Verarmung, eine Reduktion des Kulturellen auf die Bezugsgröße Geld.

Der »moderne« vereinfachte Mittelschichtbegriff spielt in Medien, Politik und natürlich in den Wirtschaftswissenschaften eine große Rolle. Dieses kleine Beispiel zeigt übrigens ganz gut, wie die Ökonomie das kulturelle Denken zu dominieren begonnen hat. Das breitere alte sozialwissenschaftliche Modell lebt noch in den für Wahlforschung, Konsumforschung und Marketing bereitgestellten Milieu-Modellen (etwa von den kommerziellen Instituten Sinus und Sigma) weiter, wir kommen später noch darauf zurück.

Was ist denn mit der Mittelschicht los?

In den letzten Jahren mehren sich die Alarmzeichen, dass es mit der Mittelschicht abwärts gehe. So gibt es nicht nur unzählige Medienbeiträge, die allerdings teilweise auf »Gefühltem« oder »Episodischem« beruhen, sondern auch eine aktuelle Studie:

unterschiedliche Faktoren. Zur Ermittlung des individuellen Netto-Äquivalenzeinkommens werden alle Nettojahreseinkommen eines Haushalts addiert, durch 12 Kalendermonate geteilt und dann noch einmal durch die Personen als addierte Faktorwerte geteilt. Das Median-Äquivalenzeinkommen ist jener Wert, der exakt bei 50 Prozent liegt, also die Österreicher, Deutschen oder Schweizer in eine obere und eine untere Hälfte teilt. Dieser Median ist in vielen Fällen der realistischere Mittelwert als es der arithmetische Mittelwert wäre. Denn dieser ist durch die hohen Einkommen nach oben hin verzerrt. Die Tageszeitung *Der Standard* hat auf ihrer Webseite einen Online-Rechner dazu: Online-Rechner: Gehören Sie zur Mittelschicht? https://derstandard.at/2000074289930/Online-Rechner-Gehoeren-Sie-zur-Mittelschicht. Die Daten sind aus dem Jahr 2016, das Median-Äquivalenzeinkommen betrug damals rund 2000 Euro netto im Kalendermonat in Österreich (12 Monate); in Deutschland 1800 Euro, in der Schweiz rund 3400 Euro (Daniel Goffart: Das Ende der Mittelschicht, wie wir sie kennen, Focus Magazin 12/2019, https://www.focus.de/magazin/archiv/titelthema-das-ende-der-mittelschicht-wie-wir-sie-kennen_id_10459230.html. Schweiz Wikipedia https://de.wikipedia.org/wiki/%C3%84quivalenzeinkommen). Bei der Schweiz darf nicht vergessen werden, dass dort ein wesentlich höheres Preisniveau herrscht, als in Deutschland oder Österreich.

»Under Pressure: The Squeezed Middle Class« (Unter Druck: Die ausgequetschte Mittelschicht) der Organisation für wirtschaftliche Zusammenarbeit und Entwicklung (OECD). Die OECD wird von 36 Industrienationen finanziert und hat zum Beispiel die PISA-Tests für die Schulen und zur Wettbewerbsintensivierung der nationalen Bildungssysteme erfunden, was der eigentliche Zweck war.[84]

Soziale Schichten werden in zwei Formen »gemacht«. Zum einen legen Sozialforscher eine Art von Raster über die Gesellschaft und ordnen Individuen nach bestimmten Merkmalen einem üblichen oder selbst entwickelten Schichtmodell zu. Zum anderen teilen die Menschen selbst ihre Umwelt nach Oben, Wir und Unten ein. Dabei wird mitunter sehr fein unterschieden und oft werden nicht nur simple sozialökonomische Differenzierungen dafür genutzt, sondern auch psychologische Zuordnungen. Es gibt ja im Verständnis nahezu aller Menschen die Beurteilung, ob einer oder eine nun gut, schlecht, bösartig, gehässig oder verständig, hilfsbereit und emphatisch ist. Für den Alltag ist diese Beurteilung sehr wichtig, schlägt sich in Sozialstrukturmodellen allerdings praktisch nicht nieder.

Das »Milieu« wird entdeckt

Wenn man ein bisschen zurückblickt, dann waren in der Nachkriegszeit die subjektiven Beurteilungsmöglichkeiten, ob jemand zum eigenen »Wir«, zum eigenen Milieu gehört oder ihm nahe ist, durchaus und möglicherweise sogar ausgeprägter als heute vorhanden. Denn neue soziale und kulturelle Strukturen bildeten

84 OECD: Under Pressure: The Squeezed Middle Class, OECD Publishing, Paris 2019. https://doi.org/10.1787/689afed1-en.

sich ganz langsam im Alltag heraus. Mittelschicht, das waren die gut entlohnten aufgestiegenen Vorarbeiter (Facharbeiter), die Angestellten und die Beamten, sofern sie nicht Hilfskräfte, Portiere und ähnliches waren; und Lehrer, Leiter einer Handelsfiliale, Berufsoffiziere, Polizisten, selbständige Handwerker mit einem kleinen Betrieb, Krankenschwestern. Menschen mit Matura/Abitur gehörten schon zum gehobenen, oberen Feld dieser Mittelschicht, wenn sie nicht gar am Aufrücken in die Oberschicht waren. Oberschicht, dort waren jedenfalls Unternehmer mit etwas größerem Betrieb, Menschen mit Universitätsabschluss, hohe Beamte, Politiker, arrivierte Künstler. Die Unterschicht, das waren neben kleinen Landwirten Facharbeiter, Hilfsarbeiter, Gelegenheitsarbeiter, ledige Mütter, »fahrendes Volk« und natürlich alle Verwahrlosten wie Obdachlose, Landstreicher und Menschen, die aus dem Gefängnis kamen.

Wir reden hier über ein altes Schichtverständnis und über eine alte Mittelschicht, deren gemeinsames Kennzeichen es war, dass sie es geschafft hatten, dauerhaft der Armut zu entrinnen und am immer größeren wirtschaftlichen Wohlstand zu partizipieren. Ganz wesentliche weitere Merkmale waren: Bildungsbeflissenheit, insbesondere was die Kinder anlangte, Aufstiegsorientierung, also ökonomische Chancen wahrnehmen und Quietismus. Die Verhältnisse so akzeptieren, wie sie eben sind, das hatten die Deutschen und Österreicher schon in der Kaiserzeit und in der sogenannten »Hitlerzeit« widerwillig bis emsig geübt. Diese drei Schichten sind nicht homogen, sondern jeweils und oft sehr fein differenziert – von außen lässt sich das schwer wahrnehmen, aber drinnen blühen die »feinen Unterschiede«.

Bei der Analyse der modernen ungleichen Sozialstruktur versagen allerdings herkömmliche Klassen- bzw. Schichtmodelle. Sie veralten schneller, als die alltägliche, empirische Entwicklung vor sich geht. Die fortschrittlicheren Forscher entwickelten deshalb für die Analyse einer fortgeschrittenen Gesellschaft Bausteine brauchbarer sozialer Indikatoren, damit zwei neue Modelle der Sozialstruktur, eines der sozialer Lagen und eines sozialer Milieus.[85] Letzteres war dann das bereits erwähnte Sinus-Modell. Kritik an dieser Sozialstrukturforschung[86] folgte, denn die Ungleichheitsforschung entwickelte sich zu einer postmodernen unverbindlichen Vielfaltsforschung, Lebenschancen verengten sich auf Lebensstil, die Kritik an der sozialen Ungerechtigkeit wich der Freude über die bunte Vielfalt. Wir sind damit an die Gegenwart herangerückt und an die Sichtweise des modernen linksliberalen Milieus.

Herbe Entwicklungen

Wenn sich dann noch die Frage stellt, ist diese Vielfalt nicht eine uniforme, industriell-spätkapitalistisch, massenmedial vermittelte und politisch abgesegnete Einfalt, nämlich Uniformität, Massenkonsum und letztlich nur eine Art von Entfremdungsproduktion? Ja, dann sind wir vollends in der Gegenwart angekommen. Mittelschicht, das war schon vor vielen Jahren die heimliche Zielmetapher der spätkapitalistischen Politik, nach der die mit Billionen an Werbungsaufwand traktierten Osteuropäer unter kommunistischer Herrschaft sich ebenso heftig gesehnt haben. Nur vereinzelt, wenig jedenfalls, konnten die Kinder der unteren Schichten mit dem Fahrstuhl aus Wirtschaftswachstum und steigendem Wohlstand nach oben fahren. Unterschichteltern

85 Stefan Hradil: Sozialstrukturanalyse in einer fortgeschrittenen Gesellschaft, Opladen 1987.

86 Rainer Geißler: Kein Abschied von Klasse und Schicht. Ideologische Gefahren der deutschen Sozialstrukturanalyse, in: Kölner Zeitschrift für Soziologie und Sozialpsychologie, 48. Jg., 2/1996, S 319-338.

waren und sind oft nicht imstande, ihren Kindern genügend Ausbildung aufzuschwatzen, wie das die Mittelschicht nahezu zwanghaft macht.

Zum allgemeinen Motiv, warum man zur Mittelschicht gehören will, der sich heute fast alle, also Millionäre wie Habenichtse gerne zuordnen, weiß man übrigens nicht viel, das ist kaum erforscht. Natürlich wirkt die Tendenz zur Mitte, es gibt sehr viel an sozialer Wünschbarkeit im Alltagsleben und ebenso übrigens in vielen Meinungsumfragen. Die Armen machen sich gern etwas weniger arm und die Wohlhabenden geben sich etwas bis viel bescheidener, das weiß man seit langem aus den Antworten zum Einkommen von Befragten. Die große Mehrheit weiß auch, dass es nie zum Aufstieg in die Oberschicht reichen wird (sieht man von Träumereien ab), soviel Realitätssinn gibt es meist doch.

Fest stehen also zwei Dinge, die gerade für die Mittelschicht seit den 1980er-Jahren typisch sind. Zum einen, die sozialstrukturelle Ungleichheit ist für viele Menschen keine besondere Sache mehr, das ist eben so, dementsprechend also eine alte Geschichte, die sich nicht ändern lässt, und mit der man sich abgefunden hat. Auch der Angehörige der Mittelschicht selbst hat sich damit abgefunden – zum Aufsteigen in die Oberschicht reicht nicht einmal ein Lotteriehaupttreffer, bestenfalls einer jungen, hübschen Frau gelänge es, sich einen Oberschichterben zu angeln, umgekehrt funktioniert das jedoch praktisch sehr, sehr selten.

Gerne Paternalismus

Zum anderen hat sich ein zunehmendes Anspruchsdenken entwickelt. So beobachtet Tobias Gafafer: »Tatsächlich gelten mittlerweile gerade in urbanen Kreisen Annehmlichkeiten wie subventionierte Kinderkrippen, verbilligte Krankenkassenprämien oder Wohnungen, sogar in angesagter Lage, zusehends als Selbstverständlichkeit – und das auch unter Hochschulabsolventen, in deren Ausbildung der Staat viel investiert hat.«[87] Es stimmt natürlich: Der sozialpolitische Fortschritt aus den 1970er-Jahren wird längst als Selbstverständlichkeit angesehen, wie alles, an das man sich gewöhnt hat. Damit ist der Wunsch nach Ausweitung sozialer Wohltaten wenig überraschend. Jedoch hängt dies mit einem ausgeprägten Paternalismus-Verständnis der Mittelschicht zusammen: Hilfsangebote der Verwaltung sollen jedenfalls sozial angelegt sein und überall dort einspringen, wo die Lebensumstände oder eigene Fertigkeiten versagen. Der Sozialstaat hätte die Pflicht, wie eine Art freundlicher und hilfsbereiter Onkel und stets für einen da zu sein. Für die Unterschicht war der Staat hingegen eher wie das unheimliche, unzugängliche Schloss in Franz Kafkas gleichnamigen Roman, man wusste meist nicht so genau, wie man sein Recht oder seine Not handhaben sollte – außer man war parteipolitisch in das System eingebunden und kannte aus diesem Zugang Zutrittswege. Das waren die schlauen Unterschichtler, die sich etwa über kleinere parteipolitische Karrieren oder besonderen Leistungswillen und berufliches Glück in einem Unternehmen den Zugang zur Mittelschichtexistenz öffnen konnten. Und für die Oberschicht war der Staat ohnedies ganz anders, eher wie ein bürokratischer Räuber im Interesse der vielen Habenichtse, Untüchtigen und Versager, der sie um ihr eigenes Vermögen bringen will.

87 Tobias Gafafer: Im Sozialstaat grassiert die Vollkaskomentalität, in NZZ, 27. 4. 2019, S 17.

7 Milieus – verklumpte soziale Gruppen

Machen wir zuerst einen Blick in die Anfangszeit der neuen Mittelschicht, der Postmaterialisten. Soziale Veränderungen gehen meist eher langsam, irgendwie schleichend vor sich und was sich herausbildet erkennt man, wenn ein Beobachter selbst in diesem Zeitstrom steht, nur vage. Da liegt nebenbei gesagt das Grundproblem aller Prognosen: man erkennt Veränderungen, die sich im aktuellen und späteren Verlauf der Zeit durchsetzen werden, nur im Rückblick.

Es ist jetzt sinnvoll, zuerst einen kritischen und nachdenklichen Blick auf zwei grundsätzliche Gegebenheiten zu richten, von denen Menschen in einem hohen Maß – der Ausdruck ist an dieser Stelle eigentlich viel zu schwach – sondern an sich grundsätzlich abhängig sind. Das sind die Gruppen, mit denen sie im Alltag ununterbrochen zu tun haben, und dann gibt es die große formale Gemeinschaft, die Gesellschaft des Staates, dessen Bürger sie sind. Bei den Gruppen hat sich im Lauf der Geschichte wenig geändert, bei der Gesellschaft, beim Nationalstaat ist manches hingegen anders geworden. Dazu soll auch ein grundsätzlicher Blick auf die Großstadt geworfen werden, denn durch sie hat sich etliches bei der Wahrnehmung der Welt umgestaltet.

Zuerst: Die Buchstaben-Generationen

Die 68er-Jugend bekam ihre Kinder Ende der 1970er-Jahre und in den 1980er-Jahren, das war dann die sogenannte »Generation

Y«[88], wie Marketing- und andere Werbungswissenschafter diese Generation nun rückblickend bezeichneten. Die Marketingleute sind im Ausfindigmachen neuer Trends und im Erfinden neuer Benennungen und Begriffe meist recht gut, darum gibt es mehrere Namen für diese Generation, »Millenials« etwa. Die Generationenabfolge: Nachkriegsgeneration (nach den Zweiten Weltkrieg bis Ende der 1950er-Jahre), Baby-Boomer (Ende 1950er- und die 1960er-Jahre), Generation X (Ende 1960er- und 1970er-Jahre), Generation Y (Ende der 1970er- und die 1980er-Jahre), Generation Z (1990er-Jahre und 2000er-Jahre).[89]

Die unterschiedlichen Wertelagen, die diesen Generationen zugeschrieben werden, beruhen in erster Linie auf urbanen Erscheinungen, also dem Leben der Teens und Twens (der Jugend von 12 bis 28) in der Großstadt. Das wissen wir schon von unserer Beschäftigung mit den 68ern. Die war im Wesentlichen eine urbane, genauer: eine großstädtische Angelegenheit. Am Land oder in der Kleinstadt tat sich da nicht viel, man hat dort mit Verzögerung und ohne viel Aufsehen etwas beim Musikgeschmack, der Haartracht und dem Minirock nachgezogen, sexuell einigermaßen deftiger und freizügiger war man am Land ohnedies schon immer. Schüchternheit war da eher für die Stadt reserviert, der Alkohol gehörte ganz geläufig ebenso zur Freizeit, somit spielten andere Drogen kaum eine Rolle, und eine obsessive Beschäftigung mit Homosexualität war überhaupt kein Thema, um Gottes Willen. Auf dem Land war es insgesamt weniger gestresst und neurotisch, beschaulicher, dafür eben ein großes Stück traditioneller, also weniger modern und »fortschrittlich«.

88 Bayerischer Rundfunk et. al.: Generation What? Abschlussbericht 2017. http://www.br.de/nachrichten/generation-what-abschlussbericht-pdf-102.html.

89 Ein Versuch einer halbwegs gelungenen, zusammenfassenden grafischen Darstellung findet sich auf Wikipedia, https://de.wikipedia.org/wiki/Baby-Boomer am Ende des Artikels.

Der Druck, »progressiv« und zeitgemäß, up to date sein zu müssen, der an einer Persönlichkeit schon ziemlich zerren kann, dem war man nicht so ausgesetzt. Das kann beruhigend wirken und für das persönliche Gemüt wohltuend sein, man kann es ebenso als fad empfinden.

Anmerkung zur Großstadt

Wenn der Leser oder die Leserin etwas Zeit aufbringen kann, könnte ihm oder ihr der Blick in Georg Simmels *Die Großstädte und das Geistesleben*[90] empfohlen werden. In diesem wirklich kleinen und überschaubaren Text beschreibt Simmel den Charakter dieser Agglomerationen, die Großstädte geworden sind. Das hat, obschon nun knapp 120 Jahre her, bis heute grundsätzliche Geltung. In der Großstadt wird eher der Intellekt als das Gefühl (wie in Kleinstädten, oder auf dem Land, wo alles vertraut ist und jeder über jeden nahezu alles weiß) angesprochen. Durch die vielen auf die Menschen eindringenden Anregungen und Stimuli ergibt sich im Lebensraum der Stadt eine heftige Reizüberflutung, sowie ein damit einhergehendes Desinteresse in der Aufmerksamkeit gegenüber dem jeweils anderen Menschen. Das hat dazu mit psychischer Ökonomie, mit Selbsterhaltung zu tun. Hier sind letztlich alle isolierte Monaden und sie bleiben anonym. Einerseits führt dies zu einer »Blasiertheit« des Großstädters, also einem Gefühl des überlegenen Darüber-Hinwegsehens und aristokratischem Nichtbeachtens, was andere betrifft, sowie andererseits zu einem heftigen Zwang in Richtung einer Selbst-Individualisierung. Dies

90 Georg Simmel: Die Großstädte und das Geistesleben. (1903), etwa in der gedruckten preiswerten Ausgabe: Frankfurt am Main, 2006. Oder online: https://gutenberg.spiegel.de/buch/die-grossstadte-und-das-geistesleben-7738/1, oder http://socio.ch/sim/, der Georg Simmel Homepage von Prof Hans Geser, Soziologisches Institut der Universität Zürich.

geschieht vor allem durch Konsumgüter und weniger explizit angesprochene Dienstleistungen persönlicher Art, die überall in der Großstadt angeboten werden und die man stets anonym kaufen kann, wenn man das will (unverbindliche Sexualität in den abenteuerlichsten Formen ist damit ebenfalls gemeint). In kleinen Gemeinschaften wäre so etwas nicht möglich und wohl auch nicht geduldet.

Zudem ist in den Großstädten die Geldwirtschaft angesiedelt. Geld und was es repräsentiert spielt an diesen Orten eine große Rolle, sehr vieles wird deshalb grundsätzlich oder der Einfachheit halber in Geldwert-Kategorien betrachtet. Die Geschäfte und Handlungen der Menschen sind, wie erwähnt, meist anonym, man kauft halt einfach oder geht wieder, bei diesen vielen Menschen, dieser Masse, kennt man nur wenige. Das wäre knapp gerafft Simmels Essay zur Großstadt, er liest sich wie eine moderne, kapitalismuskritische Konsumsoziologie.

Zum Desinteresse an den anderen, zur Blasiertheit gehören heute Mobiltelephon und Kopfhörer, mit denen man sich ein privates, kleines virtuelles Wohnzimmer im Trubel des Geschehens verschaffen kann. So ein privater Lebensraum war (und ist es natürlich noch immer) das eigene Auto, welches von der feindlichen Umwelt abschirmt; im öffentlichen Verkehrsmittel und auf der Straße sind es heute die Kopfhörer, die von der Wohnung bis ins Büro und teilweise selbst dort zuverlässig von der jeweiligen Umwelt abschirmen. Sie erinnern an selbstgewählten Autismus.

Neuerdings kommt hinzu, das Großstadtleben befördere psychische Störungen, insbesondere die Depressivität von Menschen, so aktuelle wissenschaftliche Arbeiten zum Thema: »Unter bestimmten Umständen können Großstädte krank machen. Vor allem der soziale Stress geht uns an die Gesundheit. Der entsteht aus der Gleichzeitigkeit von sozialer Dichte und sozialer Isolation.«[91]

In der Gruppe: Identität gegen Anonymität

Kinder haben vor 1970, wenn sie in ihrer Freizeit außer Haus waren, sich in kleinen nachbarschaftlichen Gruppen aufgehalten und auf der Straße, auf Plätzen oder auf der »Gstättn«[92] gespielt, getratscht, sich gegenseitig geärgert oder Unsinn gemacht. Man schloss sich rasch diesen lockeren, informellen, flottierenden Grüppchen an, vielleicht war der eine oder andere Mitschüler dabei. So eine ähnliche Gruppenbildung ergab sich bei den Jugendlichen der Arbeiterklasse oder bei Lehrlingen, auch bei Schülern aus dem Gymnasium, wenn die Eltern nicht zu strikt eine durchgeregelte Freizeit verordneten. Mittelschichteltern waren da meist strikter als jene wenigen Arbeiterfamilien, die ihr Kind ins Gymnasium schickten. Diese hatten meistens gar kein Geld für geregelte Freizeitaktivitäten.

Ähnlich die Gruppenbildung bei den Halbstarken in den 1950er-Jahren, die aus der Unterschicht kamen, und der 68er-Jugend, die dann die Mittelschicht betraf. Das waren Gruppen, die sich den elterlichen Reichweiten, deren Vorschlägen und Regelungen entzogen; selbstorganisiert sozusagen, wie früher bei den Kindern auf der erwähnten Gstättn. Für die urbane Mittelschicht ist diese Gruppenbildung aus Gleichaltrigen, alten Schulfreunden und ähnlich denkenden Freunden, eine die

91 Felix Hackenbruch: Arbeit und Stadtleben verursachen Stress. »Großstädte können krank machen«. In: Der Tagesspiegel, 29. 12. 2018. https://www.tagesspiegel.de/politik/arbeit-und-stadtleben-verursachen-stress-grossstaedte-koennen-krank-machen/23811100.html .

92 Unbebaute Freifläche, vgl. http://www.montelaa.net/unsere-geschichten/mein-leben-war-die-zeit-auf-der-gstatten-zu-verbringen .

frühere nachbarschaftliche, verwandtschaftliche oder aus dem Arbeitsleben stammende Netze ersetzt und selbst von einer fixen Paar- bzw. Familienbeziehung nicht beeinträchtigt wird. Dieser Freundeskreis, egal ob mit Sport-, Musik- oder sonstigen Freizeitschwerpunkten verbunden oder um sie kristallisiert, gibt neben der Erwerbsarbeit ein großes Stück der persönlichen Identität. Die eigene Familie ergänzt das dann bestenfalls, wobei der Partner oft selbst aus diesem Freundeskreis kommt. Es können natürlich gern ebenso zwei oder drei mehr oder weniger überlappende Freundesgruppen sein, in die einer oder eine eingebunden ist.

Ohne Beruf und einen Freundeskreis ist das Überleben in der Stadt schwer möglich, insbesondere als Single. 45 Prozent der 41,3 Millionen Haushalte in Deutschland waren im Jahr 2017 Singles. In Österreich waren es 37 Prozent.[93] In den großen Städten liegt dieser Anteil jeweils deutlich höher als in kleinen Städten oder auf dem Land. Natürlich leben vor allem die jüngeren Singles nicht asexuell, aber sie wohnen nicht zusammen, führen Gelegenheits- und Fernbeziehungen oder beharren auf einer selbstständigen Existenz.

Die eigene, alternative Gruppe: eine kleine Gegenkultur

Die Gruppe, der man zugehört, stillt ein ganz wesentliches Bedürfnis von uns Menschen, nämlich in eine Gemeinschaft eingebunden zu sein. Also nicht gänzlich allein und verlassen zu bleiben in einer oft unfreundlichen, manchmal feindlich eingeschätzten

93 Statistisches Bundesamt Deutschland, 2017, https://www.destatis.de/DE/Themen/Gesellschaft-Umwelt/Bevoelkerung/Haushalte-Familien/Tabellen/4-3-lr-alleinstehende.html; Eurostat: Die Bevölkerung der EU, 27. 11. 2015, https://ec.europa.eu/eurostat/documents/2995521/7088504/3-27112015-AP-DE.pdf/07210fd7-8e83-4dc3-ae9b-1ff8c405cc7e .

Welt. In der Gruppe gibt es Anerkennung, Aufmerksamkeit, Solidarität, Empathie, Mitgefühl – sofern man halbwegs gut dazugehört. Genau danach sind Menschen gewissermaßen süchtig, es ist eine existenzielle Notwendigkeit, genau das ist das »Soziale« am Wesen der Menschen. Das zeigt mittlerweile ganz gut die Sucht- bzw. Spieleforschung: der soziale Feedback der Community ist immens bedeutsam.[94] Ohne solche Bindungsmöglichkeit und Bindungsfähigkeit werden nahezu alle, bis auf seltene, auserwählte Eremiten, psychische Wracks oder bleiben unerwachsen und entwicklungsmäßig schwer defizitär. Der in Wien geborene Psychologe René A. Spitz hat das schon Mitte des 20. Jahrhunderts ausgiebig erforscht: ohne eine gute Beziehung zu einer Bezugsperson kann der Säugling sich nicht entwickeln, kann das kleine Kind mitunter zugrunde gehen (Hospitalismus nannte man die Auswirkung von fabrikartiger Anstaltsbetreuung auf Kleinstkinder früher).[95]

Die 68er-Jugend konnte sich mithilfe ihrer gleichgesinnten Gruppen schon halbwegs gegen den Mainstream durchsetzen und auch manches, was in Auseinandersetzungen auftauchte, für sich durchsetzen. Gleichgesinnte erkennt man schnell, zu anderen Gruppen, die ähnlich denken, findet einer meist leichten Zugang. Und ähnliche Gruppen neigen zur lockeren Verklumpung, bilden so etwas wie ein Milieu mit gemeinsamen Vorstellungen. Etwa die Idee einer Art von Weltfrieden, einer Vielfalt von Mode und Kleidung oder Haartracht, liberalere Sexualität, andere Musik sowieso Kunst, oder was man dafür hielt. Das war möglich, da

94 Als Überblich Christian Honey: Weshalb sitzen manche Jugendliche stundenlang vor Computerspielen, statt sich um das reale Leben zu kümmern? Dafür gibt es drei Gründe. In: NZZ (Neue Zürcher Zeitung) 30. 8. 2019. https://www.nzz.ch/wissenschaft/weshalb-sitzen-manche-jugendliche-stundenlang-vor-computerspielen-statt-sich-um-das-reale-leben-zu-kuemmern-dafuer-gibt-es-drei-gruende-ld.1498303 .

95 René A. Spitz: Vom Säugling zum Kleinkind, Klett Verlag, Stuttgart 1967.

es gleichgesinnte Gruppen realer Art, vor Ort, in der Stadt, und vor allem virtueller Art, also durch Medien vermittelt, gab. Die Alternative war greifbar und es waren die Mittelschichtjugendlichen, die aufbegehrten, aufbegehren konnten, da sie einen durch ökonomische Sicherheit entfalteten und durch klassische, traditionelle humanistische Bildung hergestellten, wachen Verstand besaßen. Reale und virtuelle Gruppen gaben Sicherheit und eine Art von kritischer, kämpferischer Gegenidentität zur behäbig, als faul und verfaulend eingeschätzten Gesellschaft.

Die »urfaschistische« Falle

Was sie alle nicht gesehen haben: Gruppen, die hervorragend dazu geeignet sind, alltagskulturelle Alternativen zu befürworten und damit Gegenidentität (zur alten Gesellschaft) zu schaffen, folgen ebenfalls den Eigengesetzlichkeiten aller menschlichen Gruppen. Alternative Freundeskreise sind zwar hervorragend brauchbar dafür, sich einer geltenden Meinung zu widersetzen, allerdings haben diese Freundeskreise genau die gleiche Struktur wie ihr Feind, die Gesellschaft. Immer gibt es in Gruppen Spielregeln, eine Art Anführer, oft einen zweiten Meinungsführer, es bildet sich rasch eine Art von Gruppenintelligenz, die oft stupide ist, eine deutliche Mehrheitsmeinung und einen nachhaltigen Druck, sich dieser Meinung zu fügen, gibt es ebenso. Oft einen ganz intensiven Zwang, die Gruppe oder ihre Haltung nicht an feindliche Außenstehende zu verraten und einfach nur mit zu tun. Wenn man sich bei der ersten, oft verhaltenen Meinungsbildung nicht durchsetzen konnte (und wer schafft das schon intellektuell), dann ist man verpflichtet, mitzumachen, sonst droht Strafe, Ausschluss, im schlimmsten Fall Vernichtung. So etwas riskiert man ungern. Ausschluss, verstoßen zu werden, allein zu sein ist eine schlimme Strafe.

Unsere menschlichen Gruppen sind keine harmonischen und netten Gebilde, sie bestrafen Abweichung, Renegatentum, Unterschiedlichkeiten, individuelle Differenz meist unerbittlich und heftig. Da hat sich wohl seit den steinzeitlichen Sammlern und Jägern, den mittelalterlichen städtischen Kommunen und den modernen Freundeskreisen nichts, an sich überhaupt nichts geändert. Insofern sind Gruppen, Gruppierungen, Vereine, traditionelle Parteien, moderne Grüne, Hooligans, postmoderne Feminist*innen und alle anderen Grüppchen ähnlicher Art, an sich nur alte Formen in neuen Schläuchen: immer wird, wer nicht mittut, hinausgedrängt und ausgeschlossen.

Bei sozialen Mechanismen wurde nie hinter den Vorhang geblickt

Ein großes Versäumnis der 68er-Generationen ist, sich die eigenen Gruppen einfach schöngeredet und sie nicht hinterfragt zu haben. War man für entspannteres, alternatives Leben und bessere Musik, so hieß das, dann sind das die Guten und wie diese Guten sozial ticken, hat vorerst nicht weiter interessiert. Hauptsache, man gehörte dazu.

Es wurde zwar viel über eine bessere Gesellschaft geredet, mitunter gelesen und geschrieben, aber wie soziale Mechanismen denn nun wirklich funktionieren, war nicht von Belang. Und das ist bis heute so geblieben, das linksgrüne Milieu etwa hat sich in den letzten Jahrzehnten überhaupt kein Wissen zum Thema Gruppenpsychologie, zur grundsätzlichen menschlichen Verfasstheit, also zu den Basics, wie das Soziale funktioniert, und damit zum – um einen Ausdruck von Umberto Eco an dieser Stelle zu verwenden– urfaschistischen, ur-archaischen Charakter der Gruppen und der Gemeinschaften, angeeignet, geschweige denn das thematisiert.[96] Damit bleibt allen weiterhin verborgen, wie Manipulation und Intrigen funktionieren, ebenso fehlen die Fertigkeiten, wie man sich dagegen verwahren könnte, wie man den sozialen Stoff besser, menschenfreundlicher gestalten könnte.

Das betrifft übrigens alle Milieus. Das, was allenfalls beherrscht wird, ist, sarkastisch gesprochen, Simpelmarketing aus Werbung und Populismus. Werbung kennt und reproduziert man, da sie im Lauf der Lebensjahre millionenfach auf einen hereinprasselt. Dazu kommt das unhinterfragte Arsenal aus sozialer Manipulation, Framing, Täuschung, Intrigantentum, Mobbing und sozialem Druck, welches man im Verlauf seiner Sozialisation erleidet und schließlich selbst anwendet, vom Opfer zum Täter wird. Bei Gruppen und Gesellschaft entsteht »sozialer Druck« auf den Einzelnen, der stets mit der Drohung des Entzugs sozialer Wärme verbunden ist, wenn einer nicht spurt. Einzig ein paar linksradikale Anarchisten versuchten dieses »Gruppenungetüm«[97] zu dechiffrieren, das war es dann schon. Aus Schamvermeidung (die eigene Seite) und aus Demütigungsvermeidung (die andere Seite) sich selbst an die Gruppenmeinung zu verraten, wäre an sich das Schlimmste, was man sich selbst widerfahren lässt.[98] Da man über Gruppendruck und Selbstleugnung zu wenig gelernt hat – der internalisierte Verrat aller Aufklärung übrigens: der unbewusste Verräter seiner selbst sein und das nicht einmal merken.

96 Umberto Eco: Urfaschismus. In: Die Zeit 28/1995, 7. 7. 1995. https://www.zeit.de/1995/28/Urfaschismus/komplettansicht?print .

97 o. A.: Als Gruppe auftreten, in Zündlumpen 21. 6. 2019, https://zuendlumpen.noblogs.org/ .

98 Zu Demütigungsstrategien generell: Ute Frevert: Die Politik der Demütigung. Schauplätze von Macht und Ohnmacht. S. Fischer Verlag, Frankfurt am Main 2017.

Gruppenzwänge und Konformismus

Isolation ist schlimm und bei Säuglingen sogar potenziell tödlich. Aber: alle sozialen Formen produzieren Mitläufer. Egal ob mit linker, rechter und irgendwo dazwischen liegender oder gar keiner gesellschaftspolitischen Ausrichtung. Es gibt ja genügend Menschen, die keine Ziele mehr verfolgen, sondern einfach nur mehr durchkommen wollen. Überall jedoch sind die sozialen Mechanismen gleich.[99] Auch im jahrzehntelangen Staatssozialismus diverser Provenienzen haben sie sich nicht geändert.

Menschen gehen bevorzugt auf ihnen ähnliche Menschen zu – Gleich und Gleich gesellt sich gern, so die »Alltagstheorie« des Volksmunds. Das heißt heute *soziale Homophilie* und hat mit Homosexualität überhaupt nichts zu tun. Die großen Milieus ebenso wie kleine Gruppen bleiben lieber unter sich und wehren Eindringlinge ab, außer es wären Stars, mit denen man sich schmücken könnte. Pierre Bourdieu[100] hat das für Frankreich ausführlich beschrieben. *Konformitätsdruck* schleicht sich von selbst und meist unbemerkt ein, wo sich mehr als zwei Leute gruppieren.[101] Dominante Meinungen in der Gruppe schaffen still und leise ein *Framing*, also eine Rahmung der eigenen Wahrnehmung und der der anderen Gruppenmitglieder. Öfter geäußerte Haltungen bewirken selbst einem zufälligen Empfänger passives *Lernen* (Lernkurve: je öfter jemand eine Meinung hört, desto geläufiger ist sie ihm). Gruppen und Gemeinschaften

99 Karl Kollmann: Urfaschismus: Die Gruppen und ihr Druck. in telepolis, 14. April 2019. https://www.heise.de/tp/features/Urfaschismus-Die-Gruppen-und-ihr-Druck-4367049.html .

100 Pierre Bourdieu: Die feinen Unterschiede - Kritik der gesellschaftlichen Urteilskraft. Frankfurt/Main 1984 ff.

101 Theodor Scharmann: Tertius miserabilis. Duncker und Humblot, Berlin 1959.

produzieren genau damit *Gruppendenken*, heute modisch oft als Filterblase oder, noch moderner, als »bubble« bezeichnet. Menschen sind tief geprägt vom Bestreben nach *Dissonanzminderung*, also dem Vermeiden widersprechender Meinungen in der eigenen Anschauung, damit sind sie ausgesprochen anfällig für *Konformität*. Ein Ausbrechen aus diesem *Konformitätsdruck* ist schwierig, mitunter gelingt das durch *Reaktanz* (Widerstand gegen Beeinflussung, wenn sie als solche erkannt wird, wenn man etwa darauf aufmerksam gemacht wird, dass man jetzt mit einer bestimmten Botschaft gerade manipuliert wird). Die meisten Menschen glauben jedoch, selbst wenig beeinflussbar zu sein, das ist eine systematische *Selbstüberschätzung*. Dies lässt sich alles übrigens in jedem besseren Lehrbuch zur Sozialpsychologie nachlesen. Als persönliche Anmerkung: Psychologen und Sozialpsychologen, obwohl sie das gelernt haben und wissen müssten, sind nicht bessere Alltagsmenschen, sondern genauso anfällig für Gruppendruck, diesem alltäglichen Ausdruck struktureller Gewalt.

Durch Konformitätsdruck zustande gekommen, bleibt dann dem Einzelnen beim Verlust seines eigenständigen Denkens immerhin der wärmende Stallgeruch des Wir-Gefühls. Das hat bei den mittelalterlichen Hexenverbrennungen gut (im Sinn der Gesellschaft damals) funktioniert, im Faschismus, Stalinismus und Maoismus war das ebenso. Und das lässt sich recht gut im Fernsehen teilnehmend beobachten, wenn Parteien einen Wahlsieg bejubeln und dabei johlen, schreien und feiern. Sich mit seiner Gruppe identifizieren, ist menschliche Verfassung und hier hat sich nichts geändert. Die 68er-Bewegung hatte so eine zweite notwendige Phase der Aufklärung schlichtweg vergessen und nicht einmal versucht, die Psychologie oder diesen

»Urfaschismus« der Gruppe aufzubrechen. Im Gegenteil, die Gruppe wurde zum wesentlichen Lebensprinzip stilisiert. Im Kommunismus osteuropäischer Prägung wurde dies ebenfalls intensiv genutzt: das Kollektiv ersetzte hier das Individuum. Dieses musste mit nahezu allem, was von außen vorgegeben wurde, einverstanden sein, wer sich besonders im Interesse dieses Kollektivs, bei der Adaption der Vorgaben, hervortat, galt als belobigter »Aktivist«.

Peergroup, Neigungsgruppe statt altes Umfeld

Der Freundeskreis, die Gleichgesinnten waren für die 68er-Jugend und für einen Großteil dieser Generation ein wichtiger sozialer Raum, eine hybride Erweiterung des herkömmlichen Umfelds aus Herkunftsfamilie, Verwandten, Mitschülern, Studienkollegen. Hier geschah Freizeit, Erotik und Sex, und von hierher speiste sich die persönliche Identität. Die Freunde und Bekannten waren der Antipode, sozusagen der Gegenzusammenhalt zur traditionellen Gesellschaft, in der man noch leben musste, da die Veränderungen doch eher langsam vor sich gingen.

Die Mittelschichteltern der Generation 68 waren zwar nicht mehr so autoritär wie früher, da sich schon damals das nordamerikanische Mittelschicht-Erziehungsmodell in Mitteleuropa breit gemacht hatte. Kinderorientierung, demokratische Entscheidungen in der Familie, Mitsprache des Kindes, Förderung statt Forderung und anderes mehr. Es war nicht mehr der strenge, die Außenwelt verkörpernde Vater, der die Realität zuhause repräsentierte, sondern ein oft verständnisvoller Papa, der sich um sein Kind bemühte. Das alte Freudsche Realitätsprinzip begann zuhause langsam aufzuweichen.

Christopher Lasch hat dies für Nordamerika anschaulich beschrieben.[102] Der Ersatz von romantischer Liebe und Bindung durch Kameradschaft, Freundschaft gegenüber dem Partner betrifft in der Folge dann ebenso die Kinder. Dazu kommt, die Peergroup-Kultur der amerikanischen Jugendlichen bringt neue gesellschaftliche und konsumistische Anforderungen in die Familie und desavouiert sie damit letztlich. Persönlichkeitsprobleme, die an sich gesellschaftliche Ursachen haben, werden auf die moderne Familie projiziert, insbesondere von den Sozialwissenschaften, dem Feminismus und den reformatorischen Strömungen, etwa der 68er-Alternativkultur dieser Zeit. Wenn, dann wäre zuerst die Familie zu überwinden, die veränderte Gesellschaft würde dann automatisch folgen, so das Motto jener Familienkritiken.

Vermeidung eines autoritären Erziehungsstils, Förderung des Kindes, die von Rousseau vertretene Vorstellung, dass Kinder von Natur aus gut sind und nur schlechte Erziehung sie schlecht macht, diese Weichspülung der Familie, die dennoch stets von der Peergroup, die das neue Realitätsprinzip darstellt, unterminiert und karikiert wird, bildet kindlichen Narzissmus aus, lässt ihm freie Bahn. Die Konsumgesellschaft hofiert bereits das Kind, die Werbung drangsaliert die Jugend und macht Versprechungen, das fortschrittlich Moderne schafft sich Raum, letztlich müssen Eltern kapitulieren. Der Alltag gibt Strukturen und Abläufe vor.

Feminisierung?

Feministische Vorstellungen kamen in den 1960er-Jahren langsam wieder ans Tageslicht, später dann verstärkt in die

102 Christopher Lasch: Geborgenheit. Die Bedrohung der Familie in der modernen Welt. dtv-Verlag, München 1987, deutsch erstmal 1981, original 1977.

Alltagsöffentlichkeit, das war gar keine so schlechte Entwicklung, denn die Mädchen der Generation 68 waren zweifellos Benachteiligte. Individualisierung gab es zwar, sie ließ jedoch die alten geschlechtsspezifischen Attraktivitätsmuster, außer man war Künstlerin oder aus sehr wohlhabendem Haus, weitgehend unangetastet, ebenso galt die männliche Dominanz, die alten Verhaltensmuster aus früheren Zeiten.

Der politische Feminismus wurde ab den 1970er-Jahren dann wieder von den Frauen in den sozialdemokratischen Parteien aufgenommen (das erste Mal übrigens schon in den Anfangsjahren des 20. Jahrhunderts), setzte auf Gerechtigkeit, respektive Gleichheit. Und das hieß zuerst einmal, gleiche Entlohnung, gleiche Chancen, gleiche Bildung, gleiche Rechte im Alltag. Zum zweiten, Männer mussten femininer, also umgänglicher, freundlicher und familienorientierter werden, halbe-halbe bei der Hausarbeit etwa. Praktisch bedeutete das in erster Linie Kinder herumtragen, mit ihnen mehr spielen, als Mann den Kinderwagen schieben, Frauen gegenüber Rücksicht nehmen, sich auf den Sexualzyklus der Partnerin einstellen und manches andere mehr. Das Tier im Mann sollte sozusagen domestiziert werden, das Tier in der Frau hätte endlich freigelassen zu werden. Etwas schräg und asymmetrisch klingt das zwar auf den ersten Blick, es wurde jedoch von den besser ausgebildeten Jüngeren, also der Mittelschicht, im Großen und Ganzen als gerecht, als Ausgleich, als eine Art gemeinsame Emanzipation empfunden. Die Älteren und die Unterschicht ebenso, konnten damit wohl erst einmal wenig anfangen. Hier bildet sich dann nebenbei, wie schon ein paar Jahre vorher in den 1960er-Jahren mit der alternativkulturellen Rebellion, ein emanzipatorisches, fortschrittliches und eben ein traditionell gebliebenes Milieu heraus. Die

Fortschrittlichen sind, jetzt zehn und 20 Jahre danach, breiter, jedoch oft diffuser aufgestellt.

Feminismus, nun ohne klassische feministische Ideen

Herbert Marcuse, eine zentrale Figur des gesellschaftspolitischen Widerstands und des versöhnten Neubeginns einer menschlicheren Gesellschaft, hatte die feministische Emanzipation ursprünglich als große Befriedung gesehen. Frauen könnten einen entmilitarisierten, friedlichen Weg gehen und männliche Aggression mit femininer Mütterlichkeit, Ausgeglichenheit und Friedfertigkeit zähmen. Das ist eine sehr schöne Idee von Befriedung der Menschen, die wie wir wissen, eine unendlich aggressive aber ebenso eine recht freundliche Seite haben.[103] Rezeptivität, Sensitivität, Gewaltlosigkeit, Zärtlichkeit, Obsorge als Gegenbild, als Utopie zur rücksichtslosen Deformation und Beherrschung anderer Menschen und ebenso der Natur. Bis in die Romantik war Natur ja die Umwelt, der man Ernährung, Ordnung (Überschwemmungen etc.) abtrotzen musste, nun wurde sie in den 1970er-Jahren langsam ein Gegenstand menschlicher Obsorge.

Ziemlich schnell ergab es sich allerdings, dass von den Frauen und Mädchen Emanzipation zuerst als Aneignung der männlichen Verhaltensweisen verstanden wurde. Ruppigkeit, Ellbogentechnik, Bedrohung, Schnellfahren und Rasen mit dem Auto, Stalking. Die klassisch femininen Eigenschaften wurden verdrängt, weggeschoben. Das ist nur zu verständlich, in einer auf Wettbewerb, Statusvorteile und Geldverdienen ausgerichteten Gesellschaft setzen sich nachdenkliche, friedliche und sensible Verhaltensweisen

103 Herbert Marcuse: Marxismus und Feminismus, in: Herbert Marcuse: Zeit-Messungen, Suhrkamp, Frankfurt am Main 1975.

nicht durch, sie werden gewissermaßen negativ verzinst. Die Mädchen, die selbst von der 68er-Jugend noch als die Guten, die besseren, die vorsichtigeren, die freundlicheren, mitunter etwas görenhaften Menschen angesehen wurden, wandelten sich, sarkastisch ausgedrückt, zu heutigen alten, weißen, egoistischen Männern.

Einfach nur Anpassung

Alte Ideen zerbröckeln, nutzen sich ab, werden unscharf. Dieses Diffuse kommt auch davon, dass die 68er-Jugend und deren Generation insgesamt nun meist schon im Erwerbsarbeitsleben und in Mittelschicht-Berufen standen und mit der eigenen Familiengründung begonnen hatte. Das war eine ordentliche Anpassungsleistung, was noch übriggeblieben ist, sind die Musik, das liberale Denken über Sexualität, der ausgeprägte Wunsch nach Individualität und Gerechtigkeit und irgendwie eine Idee von Freiheit. Sympathie für Natur, Ökologie, andere Erfahrungen, was Drogen bedeuteten und dazu viel Esoterik sowie der Wunsch nach einer Art von Identität mit dem blauen Planeten und seinen verschiedenen, bunten Kulturen, die irgendwie neue Erfahrungen, neue Reize versprachen.

Mit anderen Worten und zugespitzt, die Beatles mit ihrer Reise ins indische Wunderland sind das Samenkorn der späteren, gutgemeinten Multikulturalismus-Ideologie. Die kosmopolitische Hinwendung hat natürlich etwas vom Charakter einer unio mystica mit dem Kosmos und dem Grundton von Religiösem; Yoga und andere bewusstseinserweiternde Erfahrungen kannte man ja einigermaßen, von manchen wurde das sogar intensiv gepflegt. Das hat sich übrigens bis heute erhalten. Und genau von hierher scheint ein Eckpunkt des religiös anmutenden Fanatismus heutiger postmaterialistischer und multikulturalistischer Ideologien herzurühren. Man war für eine Art von gegengesellschaftlicher Magie, Atmosphäre (im Sinne von Gernot Böhme[104]), Spiritualität in einem nicht zu unterschätzenden Maß anfällig. Verschwörungstheorien und manche andere Fehlwahrnehmung waren ebenfalls Begleiter der 68er-Bewegung. Das haben sich Teile des linksgrünen Milieus bis heute erhalten. Es unterscheidet sich dabei nicht wesentlich von den (dezidiert) Rechten, auch dort blüht das Esoterische plus Öko und Bio wieder nachhaltig auf. Beide, die Linksliberalen wie die neuen Rechten sind gewissermaßen Urenkel der Lebensreform von vor 120 Jahren.

104 Gernot Böhme: Atmosphäre. Essays zur neuen Ästhetik. Suhrkamp, Berlin 2013.

8 Die Gesellschaft bleibt ein großes Internierungslager

… und kaum einer nimmt das wahr. Das könnte jetzt auf den ersten schnellen Blick ziemlich missverstanden werden und vielfach traut man sich als gelernter Mitteleuropäer so etwas in Anbetracht des grauenhaften Massakers von Ausschwitz nicht einmal zu denken, schon gar nicht auszusprechen. Denn »Schönsprechen« ist das fundamentale Gebot der Gegenwart. Das Wort vom Internierungslager möge auf Nazi-Deutschland oder die sozialistischen Ostblockstaaten zugetroffen haben, sagt der gesunde Menschenverstand, aber das eine ist bereits 75, das andere schon 30 Jahre her. Betrachten wir jedoch kurz einmal unsere Gesellschaften kühl und nüchtern.

Gesellschaft hat zweifellos ihre durchaus freundlichen Seiten. Ein Teil der Menschen ist hilfsbereit und charmant, leutselig, wenn man sie um einen Gefallen, also um kleine Hilfen oder eine Auskunft bittet. Das ist allerdings nicht selbstverständlich. Gerade in den großen Städten ist der sogenannte Bystander-Effekt ausgeprägt. Gerät ein Mensch in Not, schauen Passanten oft weg, tun nichts. Am Land oder in kleinen Städten ist das anders. In Gesellschaften gibt es neben den freundlichen Seiten eine brutale Härte. Man denke nur an einen Obdachlosen, der über den Durst getrunken hat, sich ein Brötchen organisieren will und dabei geschnappt wird.

Tribalismus neuer Art

Die erwähnten Bezugsgruppen, die Peergroups der 68er, ebenso ihrer Nachfahren und Mitläufer waren eine Art Ersatz-Clans für traditionelle soziale Eingebundenheit, aber sie sind nicht Erfinder des neuen Tribalismus. Das gibt es schon seit langem, das ist nicht neu. Migranten bringen fallweise ein starkes verwandtschaftlich gebildetes Stammes-Denken mit, das sich auch in der Familienökonomie niederschlägt.[105]

Jedoch, politische Parteien, Gewerkschaften, wirtschaftliche und kulturelle Interessensverbände waren, seit es sie gibt und es gibt etwa Patrizier, Zünfte, die Gentry oder Großbürger schon lange, tribalistisch geordnet, so als wären sie ein Clan oder Stamm innerhalb der Gesellschaft. Natürlich haben sie ihre Wirkung in Gemeinde und Staat im eigenen Interesse entfaltet, als Gemeinschaft, die eben ihre Mitglieder fördert, um von diesen wieder gefördert zu werden.

Verfilzung

Was wir jetzt erörtern, ist Parteienfilz. Man hat einander sozusagen auf den ersten Blick erkannt: etwa an Kleidung, Sprache, Gesten, an gewissen Kennwörtern, oder an Vorlieben, notfalls an Verweisen, Empfehlungen und »Beziehungen«, mitunter an einem einflussreichen Befürworter, auf den man sich berufen kann und der in der Gemeinschaft was gilt. Oder mehr ins Massengeschäft gehend, am Parteibuch, das man beiläufig auf den Tisch legt bzw. erwähnt. Auf diese Weise haben Menschen bevorzugt preiswerte Wohnungen bekommen, wenn sie das »richtige« Parteibuch hatten, eine Erwerbsarbeit, begünstigte Behandlung im bürokratischen System. Nicht nur in Wien, ebenso in Niederösterreich, Innsbruck, im Dorf am Land, in München, Bonn, Berlin oder Paris und Rom,

105 Vgl. hierzu: Jonas Hermann: Was gegen die Clans wirklich helfen würde. In: NZZ (Neue Zürcher Zeitung), 7. 5. 2019, S 5.

die richtige »Zugehörigkeit« war notwendig. Und in den USA, die von romantischen Träumern gerne als Hort der freundlichen Unverfilztheit angesehen werden, da dort nur die eigene persönliche Leistung zählen soll, ist es noch schlimmer. Man kann in den USA dem Kind einen Universitätszugang zu Nobeluniversitäten »erkaufen«, so etwas wäre in Mitteleuropa schwerer. Aber grundsätzlich sind Geld und Beziehungen, also ein Clan, ein Netzwerk, ein wesentlicher Vorteil in kleineren Gemeinschaften und größeren Gesellschaften ebenso, über den die Oberschicht stets schon verfügt hat. Die Mittelschicht hat rasch dazugelernt.

Paternalismus

Das Eingebundensein in den Freundeskreis ist den Menschen ganz wichtig, dazu kommen die Netzwerke persönlicher und elektronischer Art, die neben praktischen Hilfen und Gegenhilfen auch Sicherheit vermitteln. Dennoch wird kräftig auf den Staat (ja, den alten Nationalstaat!) gesetzt. Nicht nur von den traditionellen, heute eher in der politischen Mitte und rechts vororteten Menschen, sondern ebenso vom linksliberalen und grünen Milieu. Die einen etwa für eine bessere Abwehr des Migrationsdrucks, die anderen für mehr Migration und kulturelle Vielfalt beispielsweise.

Beim links-grünen Milieu ist das etwas paradox, da man hier am liebsten keinen Nationalstaat mehr haben will, sondern Europa oder vielleicht gar eine freundliche Weltregierung favorisieren würde, gäbe es denn Chancen dafür. Diese in Deutschland bekannte und in vielen Abstufungen erhältliche antideutsche Haltung (die »Antideutschen«) hat natürlich einen paranoiden Charakter. Er ähnelt jenem Affekt und der Einstellung eines Kindes, das für alle Übel und vermeintlichen Nachteile, die es betreffen, den eigenen Eltern die Schuld gibt. Wenn der Vater nicht mehr da ist, da er sich verflüchtigt hat oder bestenfalls zum Freund mutierte, trifft es in der späteren nachkindlichen Wahrnehmung dann die Gesellschaft, die Nation, den Staat. Diese sind letztlich an allen Widrigkeiten schuld und wären deshalb abzuschaffen.

Zurück zu einem weniger pathologischen Verständnis des Staates. Alle Lager außer einem kleinen, liberalen Rest, der individuelle Freiheit will, weisen diesem Staat, also seiner Verwaltung mehr und neue Aufgaben zu. Die Perspektive dabei: Der Staat gilt als guter Freund der Bürger, als Beschützer und Hüter von guten Regeln, als »Nanny« zur Wahrung persönlichen Glücks und Lebenszufriedenheit. Ein umfassendes Anspruchsdenken hat sich seit den 1970er- und 1980er-Jahren breit gemacht, das dem Staat oder ebenso der EU die Rolle einer fürsorglichen Glucke zuweist. Das erinnert ein bisschen an das Staatsverstehen im vergangenen Kommunismus und missversteht, was Staaten historisch stets waren.

Politische Herrschaft

Immer hatten Menschen ihre politischen Herrscher. Mit dem Fürsten mussten sie den Ertrag ihrer Felder teilen und im Notfall Kriegsdienst leisten. Die Tributzahlung des Zehent für den Herrn war bereits im Altertum in vielen verschiedenen Kulturen eingeführt und über das Mittelalter bis in die frühe Neuzeit üblich. Ein Zehntel des erwirtschafteten Einkommens in Friedenszeiten, in Kriegszeiten war es oft weit mehr, einschließlich der möglichen Preisgabe des eigenen Lebens durch Militärdienst. Die grundsätzliche Übereinkunft zwischen Herrscher und Untertan, die der Herrscher diktierte, war: Tributzahlung (das Zehntel), dafür Sicherheit der Person, des persönlichen Eigentums und der öffentlichen Ordnung.[106] In der Frühform von Staaten 10 Prozent für die Obrigkeit, heute rund 40 Prozent und mehr. Jedoch sollte man so fair sein und dazu sagen: das Leben in Wohlfahrtsstaaten mitteleuropäischen Zuschnitts ist heute wesentlich ausdifferenzierter, komplexer als im Mittelalter und damit erheblich kostspieliger für den Bürger/Steuerzahler.

Lange Zeit bildeten die Kirchen und der privilegierte Klerus die »moralische Anstalt« in einer Gesellschaft. Der Klerus war es, der sich um Sitte und Anstand seiner Schäfchen kümmerte und Menschen vorschrieb, was sie tun und lassen sollen. Mit der beginnenden Industrialisierung übernahm dann langsam die staatliche Bürokratie die Aufgabe, die Untertanen für die neue Arbeitswelt und ebenso für die staatliche Verwaltung fit zu machen. Schulpflicht und Arbeitspflicht wurden eingeführt, neue Gesetze geschaffen.

An gesunden, für das Vaterland (daher rührt ein Teil der Abneigung der 68er) einsatzfähigen, gut verwendbaren Soldaten bestand in Europa großer Bedarf, damit begann der medizinische Aufschwung. Volksgesundheit war militärisches und also politisches Ziel. Brauchbare Ernährung und Hygiene, sowie geordnete familiäre Verhältnisse waren in der Folge die ärztlich/medizinisch inspirierten Anfänge, die Lebensweise der rechtsunterworfenen Individuen für eine militärische Nutzung zu verbessern.

Wohlfahrtsstaat, Anstaltsstaat

Der Staat übernahm die Aufgabe der »moralischen Anstalt«.[107] Eliten und staatliche Bürokratie entwickelten Ende des 19., anfangs

106 Andrea Komlosy: Arbeit. Eine globalhistorische Perspektive. Promedia, Wien 2014.

107 Hier und im Folgenden, Karl Kollmann: Der Therapiestaat – die moderne Paternalismus-Maschine, in: telepolis 9. 6. 2019. https://www.heise.de/tp/features/Der-Therapiestaat-die-moderne-Paternalismus-Maschine-4424413.html .

des 20. Jahrhunderts oft rigoroser, als es die Kirchen jemals getan hatten, Lebenshilfe, Ordnungsstrukturen und Anleitung zur besseren Lebensgestaltung der Untertanen als breit angelegtes Ziel. Bis hin zur Eugenik, also der Ausmerzung minderwertigen Lebens. Dies hat sich nicht geändert, als die Monarchien zu Republiken und parlamentarischen Demokratien wurden. Erst nach dem Zweiten Weltkrieg wurde, wegen der Massaker an der jüdischen Bevölkerung in Europa, die Eugenik politisch tabuisiert – und kommt neuerdings übrigens mit der Gentechnik in neuem Gewand daher. Die Verwaltung des Menschen geht soweit, dass einem Menschen im privaten und teuer bezahlten Hospiz das Rauchen von Zigaretten und das Trinken von ein paar Gläsern Wein verboten werden, einem Menschen, der seine letzten Tage ablebt, da es eben Vorschrift ist.

Der Wohlfahrtsstaat, gefördert von den sozialdemokratischen Parteien, bekam insbesondere in Mittel- und Nordeuropa einen genuin sozialtechnokratischen Charakter. In den letzten Jahrzehnten ist die Funktion der »moralischen Anstalt« dann von grünen Parteien und insbesondere von den massenhaft sich entwickelnden NGOs ergänzend (und von den Staaten dann umfassend gefördert) übernommen worden. Wenn man dann in getrennten Räumen mancher Gastronomiebetriebe nicht mehr rauchen darf, dann »ist (das) ein politischer Freudentag«, so die österreichische SPÖ-Vorsitzende Pamela Rendi-Wagner.[108] Schutz der Nichtraucher wird rasch zum immer weiter ausufernden Verbot. Die Affektbalance scheint mitunter schwer daneben. Ein Freudentag könnte es sein, wenn das untere Einkommensdrittel, sagen wir, ein paar hundert Euro mehr im Monat zur Verfügung

108 orf.at: Rauchverbot in Gastronomie fix, 2.6.2019, https://orf.at/stories/3128848/.

hätte; nicht, wenn man ihm kleine Freuden beinhart abdreht und es wie Kinder behandelt.

Den Raum des privaten Lebens hatte sich das Bürgertum vom Adel abgeschaut. Realisieren ließ sich das, da die Bürger ökonomisch selbstständig geworden waren. Die Trennung von privatem und öffentlichem Leben ist dabei als emanzipatorische Errungenschaft zu sehen. In der Öffentlichkeit galt formales, korrektes Auftreten und Erscheinungsbild in Hinblick auf Benehmen und Kleidung. Im Privaten konnte man sich romantischen oder revolutionären Gedanken oder Sünden hingeben. Das wäre der Kern des heutigen Verständnisses vom Privatleben, in das niemand Fremder eindringen dürfe, und das als eine der Säulen moderner Demokratien gilt. In der Alltagspraxis sieht das dann allerdings etwas anders aus. Kommerzielle Datenkraken und staatliche Geheimdienste können mittlerweile nahezu alles über einen in Erfahrung bringen.

Staatserziehung

Der private Raum änderte sich jedoch rasch. Nicht Marx, sondern der bürgerliche Émile Durkheim schwärmte schon am Anfang des 20. Jahrhunderts[109] davon, dass gut geführte Schulen die Kinder auf ein passables gemeinschaftliches Leben trainieren könnten, welches alle individualistischen und antikollektivistischen Orientierungen vermeiden und letztlich die alten Familien mit allen ihren Unzulänglichkeiten durch eine effiziente nationale Gemeinschaft ersetzen könne. Diese wäre eine freundliche Gesellschaft, der man dankbar sein müsse, in ihr leben zu dürfen. Erziehung soll genau

109 Émile Durkheim: Erziehung, Moral und Gesellschaft. Vorlesungen an der Sorbonne 1902/03. Luchterhand, Neuwied 1973.

den Menschen hervorbringen, den die Gesellschaft haben will und den die Wirtschaft benötigt. Zeitnahe besorgte die behavioristische Psychologie (nur direkt beobachtbares Geschehen wird psychologisch untersucht) den mechanistischen Oberbau. Durkheim beschreibt hier die feuchten Träume von Kommunisten und Faschisten, von Christlich-Sozialen, Monarchisten und Sozialdemokraten. Denn die waren sich alle einig: Erziehung der widerspenstigen Individuen zum besseren Menschen in einer guten Gesellschaft lautet das Ziel.

Selbstbezogenheit, Individualismus und Widerspenstigkeit, deren Ursachen häufig in den Familien verortet wurden, könnten damit endgültig beseitigt werden; so das politisch linke Verständnis, das in den USA weit früher als in Europa in diese Richtung entwickelt wurde. Außerdem ermögliche man damit den Eltern, in erster Linie den Frauen, die Ausübung von Lohnarbeit. Erst diese mache die Frau frei, allerdings nicht in der Arbeit natürlich, dort muss man sich den organisationalen Anforderungen fügen. Um es sarkastisch zu sagen: frei für das Denken und Handeln im Kollektiv; der Gruppe und der Gemeinschaft bzw. Gesellschaft. Wohlhabende jedoch – egal ob links oder traditionell-konservativ – versuchen, den staatlichen Anstalten zu entgehen und schicken ihr Kind auf private Schulen und Hochschulen, um eben diesen staatlichen und fürs Volk gedachten »Zertifizierungscontainern«[110] zu entkommen.

Sozialisierung

Die gesellschaftliche Sozialisierung der Reproduktion: Erziehung ist das Ziel des Staates und seiner Verwaltung, nachdem die

110 Ralf Wurzbacher: »Schulen und Unis werden zu Zertifizierungsdiscountern«. Gespräch mit Hans Peter Klein. In: Junge Welt, 02.03.2019, Seite 1 (Beilage). https://www.jungewelt.de/artikel/350192.lernen-schulen-und-unis-werden-zu-zertifizierungsdiscountern.html .

Wirtschaft eine betriebliche (kapitalistische) Sozialisierung der Produktion erreicht hat. Management und Sozialtechnologen der Industrie haben den Facharbeitern ihr persönliches Know-how weggenommen, ihre Kunstfertigkeit und ihre persönlichen Herstellungsgeheimnisse verbetrieblicht und einem determinierten maschinell gestütztem Arbeitsregime unterworfen. Genauso hält es die staatliche Verwaltung mit ihren Untertanen. Durchplanung der schulischen Ausbildung, Vorverlängerung und Erweiterung ins Kleinkindalter (Kindergarten). Ausbau von Sozialfürsorge, der Jugendämter, der Eheberatung, der Frauenberatung, der Umweltberatung, von Ernährungsberatung und der Präventivmedizin, bei Katastrophen stehen heute sofort Trauma-Experten parat.[111] Bürokratische Beratung und Sozialarbeit übernimmt die elterlichen Funktionen und nimmt, wenn dies als besser verwaltbare Alternative erscheint, den Eltern mitunter umstandslos ihr Kind weg, bringt es also unter staatliche Obhut, wenn das »Kindeswohl« gefährdet ist. All diese Einrichtungen sind kleine Verwaltungs- und Ordnungsmaschinen, Paternalismus-Apparate, die sich unauffällig im Hintergrund halten, jedoch stets dafür bereitstehen, in das private Leben einzelner Menschen einzugreifen. Zugleich hat man für Jugendliche ein eigenes, milderes Sonder-Strafrecht eingeführt, denn der kriminelle Jugendliche wird nun nicht mehr nur als Täter, sondern auch als Opfer seiner Umstände, vor allem seiner Herkunftsfamilie gesehen. Manche dehnen dieses Opfer-Verständnis ebenso auf Erwachsene aus. Die Infantilisierung der Menschen schreitet also munter voran.

111 Paradoxerweise lernt man in den modernen Schulen, die ja auf das reale Leben vorbereiten wollen, weder richtiges Lernen, noch soziale Konflikte zu lösen oder mit existenziell anspruchsvollen persönlichen Situationen umzugehen. Soziale Konflikte und den Tod versucht man aus der Schule auszusperren – hier soll nämlich alles nett zugehen.

Alles Opfer

Dieser zivilisatorische Fortschritt systematischer staatlicher Erziehung und Betreuung der Menschen setzt in den USA im ersten Drittel des 20. Jahrhunderts ein und folgt in Mitteleuropa dann nach dem Zweiten Weltkrieg. Verankert ist das in den nationalen Rechtssystemen, europarechtlich und durch UN-Charta. Verstärkt durch NGOs, die sich etwa als Aktivisten für Kinderrechte verstehen. Kinderrechte benötigen also NGOs, die diese stellvertretend helfend für den Staat durchsetzen. Die Hochstilisierung von Menschengruppen zu Opfergruppen kennen wir von Frauenschützern und Frauenschützerinnen, von Tierschützern, von Minderheiten- und Migrantenschützern, nun eben von Kinderschützern. Mit diesen Opfergruppen tun sich neue Geschäftsfelder auf, für NGOs und Rechtsberufe, darauf spezialisierte Journalisten usw. Das ist zudem eines der Lieblingsthemen der neuen linksliberalen Mittelschicht: viele Opfer, denen zu mehr Recht verholfen werden soll – was aber, wenn alle Menschen einer Gesellschaft »Opfer« sind?

9 Die neue linksliberale Mittelschicht wird Meinungsführer

Die zeitgenössischen Gesellschaften nehmen sich selbst als gespalten und auseinandergerissen wahr. In Deutschland sehen etwa 38 Prozent der Bevölkerung den sozialen Zusammenhalt völlig oder deutlich gefährdet, 37 Prozent sehen ihn teils in Gefahr, und nur 25 Prozent als wenig bis gar nicht gefährdet an.[112] Also 75 Prozent haben Probleme damit.

Die kulturellen Veränderungen in den mitteleuropäischen Gesellschaften haben sich schon seit den 1990er-Jahren angekündigt, aber scharf und deutlich absehbar ist das erst im Zusammenhang mit der Flüchtlingskrise 2015 geworden. Die alte Mittelschicht hatte sich zuvor längst in zwei Teile gespalten, in einen gewohnt traditionellen, eher leistungsorientierten und moderat modernen Teil, und in einen neuen linksliberalen, öko- und multikulturell orientierten Teil – die 68er-Generation, ihre Mitläufer und deren Nachfahren; in Materialisten und Postmaterialisten. Das hat mit einem großen kulturellen Umbruch oder einer gesellschaftlichen Transformation nicht viel zu tun. Es war eine Spaltung.

Die 68er und deren Kinder besetzten langsam und kontinuierlich die Schaltstellen von Gesellschaft: Bildung, Medien, Verwaltung, Rechtsberufe, Sozialarbeit, ohne dass dahinter ein Masterplan, oder Rudi Dutschkes Idee vom »Marsch durch die Institutionen« gestanden wäre. Übrigens, es kam etwas Frisches dazu, nämlich eine Welle von neu gegründeten Vereinen und

112 Regina Arant, Georgi Draglov, Klaus Boehnkes: Sozialer Zusammenhalt in Deutschland 2017. Bertelsmann Stiftung, Gütersloh 2017.

Organisationen, die dann zu NGOs wurden, welche allesamt »das Richtige« oder zumindest etwas »Gutes« und gesellschaftliche Verbesserung zum Ziel hatten und es verstanden, ihre Aktivitäten vom Wohlfahrtsstaat fördern zu lassen.

Das ging von Umweltschutz, Tierschutz, Gefangenenhilfe, Opferschutz, Entwicklungshilfe, Migrantenhilfe, Flüchtlingshilfe, Ehe-, Familien- und Schwangerenberatung hin zum Friedensthema, Demilitarisierung, Kinderschutz, Konsumentenschutz, Patientenschutz usw. Es existiert heute praktisch kein Thema mehr, für das es mittlerweile nicht zumindest eine, meist mehrere NGOs gibt. Was da als Initiative der sogenannten Zivilgesellschaft gelobt wird, sind allerdings politische und unternehmerische Initiativen, um mit einem »gutem Zweck« und staatlicher wie privater (Spenden)-Unterstützung den eigenen Lebensunterhalt zu verdienen. Wo sich ehrenamtliche Mitarbeiter und Mitarbeiterinnen finden lassen, werden diese gern gesucht und mitgenommen. Alle diese Organisationen haben ein primäres Interesse: sie wollen wachsen, einflussreicher, größer und noch nützlicher werden, genauso wie kapitalistische, betriebswirtschaftlich denkende Unternehmen oder politische Parteien und Interessensverbände.

Andres Reckwitz hat diesen Sachverhalt in einem Buch kürzlich recht prägnant und umfassend beschrieben:[113] Eine neue multikulturalistisch orientierte und dem Umweltschutz gegenüber besonders aufgeschlossene linksliberal sich gebende Mittelschicht verdrängte langsam die herkömmliche, die traditionelle, alte und behäbige Mittelschicht, ersetzt sie gewissermaßen und verrückt

113 Andreas Reckwitz: Die Gesellschaft der Singularitäten. Zum Strukturwandel der Moderne. Suhrkamp, Berlin 2017. Deutlich eingängiger und kürzer in einer Art Vorform, Andreas Reckwitz: Zwischen Hyperkultur und Kulturessenzialismus, in: Soziopolis, 24. 10. 2016, http://www.soziopolis.de/beobachten/kultur/artikel/zwischen-hyperkultur-und-kulturessenzialismus/

diese nach unten, verschiebt damit ebenso die alte unflexible Unterschicht weiter hinab auf der gesellschaftlichen Leiter. Eigen ist dieser neuen Mittelschicht eine ausgeprägte Verachtung dieser traditionellen Großgruppen, eine Globalisierungsorientierung, multikulturelles Verständnis und eine stille bis ausgeprägte Akzeptanz des Leistungsprinzips. Neoliberale Reinkultur plus multikulturelle Attitüde.

Interessanterweise hat David Goodhart in seinem Buch »The Road to Somewhere«[114] die zwei großen Subkulturen (in erster Linie für Großbritannien) ähnlich beschrieben. Eine neue gebildete linksliberale urbane Mittelschicht in der Größenordnung von 15 bis 25 Prozent der Bevölkerung sind Kosmopoliten (»Anywheres«) geworden, die die übrigen Traditionellen (»Everywheres«), die Gestrigen und lokal oder regional Denkenden, abgrundtief verachten und sie umerziehen oder überhaupt ausschalten wollen. Jene Anywheres fühlen sich überall zu Hause und vertraut, sie reisen gern privat und dienstlich, jedoch meist ziemlich konsumistisch und halten das für Multikulturalität, da alle mit denen sie egal wo, zu tun haben, ähnlich ticken wie sie selbst. Überhaupt, alles soll grenzenlos und offen sein, der einzig gültige Maßstab ist meritokratischer Art, also auf Leistung, Erfolg und Geld orientiert. Grenzenlose Wanderung, Migration ist willkommen, da das ein hübsches buntes Bild ergibt, in dem sie sich als Elite wohlfühlen können. Eine Ideologie, eine Art religiöse Vorstellung, die der »Kalifornischen Ideologie« (gewissermaßen Hippie-Gefühl plus Technikeuphorie und Kapitalismus) entspricht und in ihrer Rücksichtslosigkeit, Intoleranz, moralischen Selbstgefälligkeit und ihrer Diskursverweigerung bzw. Diskursunfähigkeit nun

114 David Goodhart: The Road to Somewhere: The Populist Revolt and the Future of Politics. Hurst, London, 2017.

ganz nah am faschistischen Denken schrammt, oder eine anders gefärbte Wiedergeburt dieser elitären Denkungsart ist.

Was ist linksliberal?

Linksliberal ist diese neue Mittelschicht, da sie mehr oder weniger deutlich von linken und alternativen Vorstellungswelten aus der 68er-Zeit geprägt ist, die durchaus widersprüchlich zueinander stehen können: Individualität, Diversität, Multikulturalität, Freiheit vom Staat, antinationalistisch, friedlich, europäisch, antideutsch, trotzdem paternalistisches Staatsverständnis, globalistisch, aber mitunter ebenso gegen globalen Handel und Industrie, ökologisch, tierschützend, regional, vegetarisch, vegan, Low-Carb-Ernährung oder Paläo-Diät, das Besondere schätzend (qualitätsvolle Güter, ebenso gute Leistung), jedoch im Allgemeinen wettbewerbsskeptisch, harmonieorientiert, gruppenorientiert, Gemeinsames schätzend, sich von allem Alten, Traditionellen, also Rechten und Konservativen absetzend. Bei Wahlen wird links (alles was irgendwie rosarot oder rot ist) und grün bevorzugt, aber nicht alles davon, sondern meist schon etwas differenzierter. Das Großmilieu ist in sich selbst recht divers und wählerisch.

Nicht klassisch links

Klassisch links ist diese linksliberale neue Mittelschicht nicht, ebenso wenig klassisch grün. Dazu fehlt einerseits der kritische Blick auf ökonomische Sachverhalte, andererseits die bei den alten Grünen gepflegte frugale Lebensweise. Übrigens, selbst bei diesem Wort hat sich eine Umkehrung der Bedeutung ergeben. Hochsprachlich hieß (und heißt) frugal: einfach, schlicht, sparsam.

Umgangssprachlich heißt frugal heute: opulent, reichlich.[115] Das trifft genauso zu wie: Die neue Mittelschicht sind Postmaterialisten, allerdings materialistisch orientierte. Was besonders fehlt, ist die grundsätzliche Bedeutung ökonomischer Gerechtigkeit der alten Linken und ebenso deren revolutionärer Anspruch einer notwendigen gesellschaftlichen Umwälzung; dann auch die existenzielle Bedeutung und Ausformung des schlichten, naturschonenden Lebens der alten Grünen, aber das waren ja ursprünglich liberale Konservative (im althergebrachten Wortsinn). Sandra Kostner verwendet deshalb für das linksliberale bzw. linksgrüne Großmilieu den Ausdruck »Identitätslinke« und nennt deren politisches Ziel »Läuterungsagenda«, da jenes sich hauptsächlich um das Herstellen des moralisch Guten dreht.[116]

Die ziemlich kleine, wenn auch als politische und wirtschaftliche Oberschicht hoch effiziente Elite bleibt, wie schon immer, dabei stets im Hintergrund; sieht man von den konsumistischen und medialen Eskapaden der künstlerisch/kulturellen und im Kommerzsport tätigen Eliten (also die notorischen »Stars« des modernen kulturellen Lebens), die nun die Funktion der »Neureichen«, der neuen konsumgesellschaftlichen Oberschicht übernommen haben, einmal ab. Da sich die Manager der Unternehmen in den letzten Jahrzehnten finanziell bereichern konnten und daher über hohe Einkommen und Vermögen verfügen, oft einen heftigen politischen Einfluss haben, obwohl sie nicht Unternehmenseigentümer, jedoch im Regelfall deren unmittelbare und effiziente Sprachrohre sind, ist ihre Verortung in der Oberschicht wohl zutreffend. Auch in dieser unteren Oberschicht kann man linksliberal sein.

115 https://www.openthesaurus.de/synonyme/frugal

116 Sandra Kostner (Hg): Identitätslinke Läuterungsagenda. Eine Debatte zu ihren Folgen für Migrationsgesellschaften. ibidem-Verlag, Stuttgart 2019.

Schichten

Dieser mitteleuropäischen Oberschicht von rund 10 Prozent der Menschen stehen rund 60 Prozent, die der Mittelschicht zugeordnet werden und rund 30 Prozent an Unterschichtzugehörigen gegenüber. Die echte ökonomisch-politische Elite, die effektive Oberschicht, das sind vermutlich zwei oder drei Prozent. Ein Schätzwert, denn wir haben keine Erhebungsinstrumente und schon gar keine sicheren Dimensionen, um das wirklich valide absehen oder »messen« zu können. Das reichste ein Prozent, das immer wieder als populärer Maßstab dafür hergenommen wird, ist an sich sentimentaler Kitsch von zahlenverliebten Ökonomen. Natürlich sind diese Unterschiede im Alltagsleben wesentlich feiner differenziert – die Differenzen spiegeln sich im jeweiligen kulturellen Verhalten, in den Freizeitvorlieben, in der Wohnform, in der Art der Berufstätigkeit, in der Sprache, in den Urlaubsreisezielen, generell im Konsumverhalten wider. Und sie sind nicht konsistent, ein armer, hoch gebildeter Schlucker gehört durchaus zur alten und neuen Mittelschicht. Jedoch geht es nicht um diese feinen Unterschiede, sondern zuerst um die alte und die neue Mittelschicht und was das bedeutet.

Selbstverständnis der linksliberalen neuen Mittelschicht

Auf Andreas Reckwitz wurde hingewiesen, er setzt als wesentliche Dimension des Selbstverständnisses und ihres kulturellen Kerns die Suche nach dem »Singulären«, dem Herausstechenden, also die Orientierung am Besonderen an. Singularitäten,[117] Resonan-

117 Andreas Reckwitz: Die Gesellschaft der Singularitäten. Zum Strukturwandel der Moderne. Suhrkamp, Berlin 2017.

zen,[118] Atmosphären,[119] oder die Suche nach Luxus[120] beschreiben eine große Gemeinsamkeit: kognitiv reflektierbares, aber insbesondere affektives Welt-Erleben; aufgeladene Phänomene, die den kontinuierlichen Fluss des subjektiven Lebens im Alltag zu unterbrechen bzw. zu bereichern imstande sind, das erwünschte Außergewöhnliche im gewöhnlichen Leben darstellen können.

Alle vier Begriffe beschreiben Punkte, Stellen, Dinge, Ereignisse, die das gleichförmige Kontinuum der sozialen und natürlichen Umwelt erweitern und den Zeitstrom, der dieses jeweils eigene Leben gnadenlos verschleißt, auf ihre Art etwas aufhalten (können). Derartige Dinge werden in der Postmoderne (im Spätkapitalismus) auch industriell produziert, real als essenzielle Güter, sowie durch zuschreibende Werbung.[121] Ist sie eingängig und stimmig, dann »framed«, also umrahmt Werbung ihr beworbenes Produkt nachhaltig. Werbung und Ware werden eins. Selbstverständlich müssen diese Dinge nicht Waren sein, auch intensive Naturerfahrungen oder Begegnungen mit außergewöhnlichen Menschen, eine gelungene eigene Leistung und vieles andere mehr gehören dazu.

Diese Besonderheiten sind im Grunde mehr oder weniger kleine Überschreitungen, aber nicht wirklich existenzielle Transgressionen (im Sinn von George Bataille und des Surrealismus), stellen also verkraftbare Erlebnisse dar, egal ob es sich um Champagner, Luxusgastronomie, sexuelle, esoterische oder finanzielle Exzesse, Luxusuhren oder Luxusfüllfedern handelt: Peter Stamm hat das in »Die sanfte Gleichgültigkeit der Welt«

118 Hartmut Rosa: Resonanz. Eine Soziologie der Weltbeziehung. Suhrkamp, Berlin 2016.

119 Gernot Böhme: Atmosphäre. Essays zur neuen Ästhetik. Suhrkamp, Berlin 2013.

120 Lambert Wiesing: Luxus. Suhrkamp, Berlin 2015.

121 Luxus und neue, interessante Produkte waren natürlich schon vor dem Kapitalismus hochinteressant, Waffen etwa. Frank Trentmann: Empire of Things. How We Became a World of Consumers, from the Fifteenth Century to the Twenty-first. Allen Lane, UK 2016.

hübsch ausgedrückt: »Die Rechnung für die zwei Getränke war absurd hoch, aber so viel Geld auszugeben gab dem Moment eine Bedeutung, die mich in eine fast feierliche Stimmung versetzte.«[122]

Man könnte dieses Besondere auch einfach Glückserfahrung, Erleuchtung, Abwechslung, Einsichten oder intensivere Behaglichkeit nennen, wenn das theoretisch nicht etwas zu schlicht und vor allem zu altbacken wäre. Es lassen sich ja ganze Theoriegebäude um derartige Bezeichnungen herum entwickeln. Ein neuer theoretischer Blick braucht halt, sarkastisch angemerkt, stets neue Begriffe. Auf der anderen Seite scheint es nicht zufällig, dass diese Begriffe und deren Bücher innerhalb kurzer Zeit erschienen sind, sie stehen in einem kulturellen Kontext, keine Frage. Und es ist ebenso klar, warum es sich hier um ein Mittelschicht-Phänomen handelt. Die Unterschicht hat dieses »Besondere« meist erst gar nicht kennen und verstehen gelernt. Was sowohl eine Frage der Bildung ist wie der sozialen Herkunft, die einem etwa den Besuch einer Musikschule, Yogakurse und vieles andere mehr, eröffnet und soziale Fertigkeiten vermittelt. Dieses Besondere, das man schätzt, spiegelt sich auf einen selbst zurück. Durch Konsumgüter, Lebensstil und Freunde, die alle etwas »Besonderes« haben, ist man selbst natürlich ebenso »besonders«, herausgehoben und abgesetzt von all dem Gewöhnlichen, Gleichgeschalteten, das im Alltag kontinuierlich rund um einen herumgespült wird.

Kinder als ultimatives Konsumgut

Es wurde bereits angesprochen, in Mitteleuropa sind die demokratischen und antiautoritären Kindererziehungsstile der

122 Peter Stamm: Die sanfte Gleichgültigkeit der Welt, Frankfurt am Main 2018, S 57.

US-amerikanischen Mittelschicht in den Wirtschaftswunderjahren nach dem Zweiten Weltkrieg weitgehend übernommen worden. Medien, US-Filme, Fernsehen, Zeitschriften hatten dabei einen wichtigen Anteil. Die 68er haben diese Kinderbezogenheit und das Unautoritäre bzw. Antiautoritäre noch einmal, rebellisch gegen ihre eigenen Eltern zugeschärft, wenn sie selbst Kinder bekommen haben. Das Kind stand bei der alten und steht heute bei der neuen Mittelschicht im Zentrum des privaten Lebens. Es ist das zentrale Lebensprojekt, die eigene ganz persönliche Hinterlassenschaft und wird deshalb intensiv gefördert und gepflegt.

In den letzten Jahren war populärwissenschaftlich, und dann natürlich in den Medien aufgeregt verbreitet, viel von sogenannten Helikopter-Eltern die Rede, jener extremen Spezies, die sich voll und ganz auf das Kindeswohl konzentriert und tagtäglich jedwede Schwierigkeit für ihr eigenes Kind aus dem Weg räumen will. Solche Eltern, die ihre Ausbildungspläne für das Kind beharrlich, ohne Rücksicht auf Verluste, durchzusetzen versuchen. Verkrampft, unbelehrbar und rechthaberisch.

Solche Helikopter-Eltern-Karikaturen gibt es tatsächlich, der Regelfall in der neuen Mittelschicht ist allerdings eine eher nur gemäßigte Überbehütung der Kinder, Verwöhnung und ein hohes Anspruchsdenken gegenüber der Schule, die oft als Dienstleistungsbetrieb (miss)verstanden wird. Wann immer das möglich ist, werden »gute« Schulen bzw. Privatschulen bevorzugt. Lehrerinnen und Lehrer werden kritisch beargwöhnt, bei Konflikten mit einem Lehrer oder einem anderen Kind trägt das eigene Kind praktisch nie Schuld, bei schlechten Ergebnissen wird es vom Lehrpersonal anscheinend zu wenig oder nicht passend gefördert und bekommt dann rasch ergänzende private Nachhilfe zugeteilt. Auf die Entwicklung eines guten schulischen Freundeskreises – anknüpfend zu den Kindern der eigenen Freunde – wird viel Wert gelegt. Feiern und Feste dienen als symbolisches Kapital der Kinder, das von den Eltern entsprechend gefördert und bestellt wird.

Das alles ist vollkommen verständlich. Die neue linksliberale, multikulturell orientierte Mittelschicht weiß ganz genau, dass eine »schlechte« Schule – etwa eine mit hohem Migrantenanteil – der Bildungsentwicklung und wünschenswerten sozialen Entfaltung des eigenen Kindes überhaupt nicht förderlich ist. Das beginnt gewiss schon vorher, im Kindergarten oder in der Kita, sowie am Kinderspielplatz im Wohnviertel. Und diese Leute wissen natürlich, dass eine subtile Einschüchterung der Lehrer meist zu einer gewissen Nachsicht dem Kind gegenüber führt, denn Menschen wollen im Regelfall erwartbaren Schwierigkeiten und Widerständen aus dem Weg gehen. Man weiß es ja aus den teils leidvollen eigenen beruflichen und gesellschaftlichen Erfahrungen, und man kann diese Erfahrungen meist ganz gut nützen und für sich umsetzen.

Konsum. Zuerst beim Grundsätzlichen beginnen

Konsum, Geld und Arbeit: Konsum wird in der alltäglichen Wahrnehmung der Menschen durch jahrzehntelange Gewöhnung zusammenhängend bzw. stellvertretend mit dem Einkommen gesehen, über das eine Person verfügt, also mit dem Verdienst, durch den man sich diesen »Konsum« leisten kann. Insofern ist Konsum mit Erwerbsarbeit verbunden. Konsum, Einkommen und Erwerbsarbeit sind mithin drei unterschiedliche Seiten ein und derselben Sache, sieht man von besonders geizigen oder auf »Understatement« bedachten Charakteren einmal ab.

Konsum und Alltagsleben: Konsum ist integraler Bestandteil des Alltagslebens und damit des Common Sense geworden, sozusagen eine zweite Natur des Menschen. Das betrifft nicht nur die Waren des modernen Grundkonsums, also Lebens-, Reinigungsmittel oder Hygieneartikel, sondern alle Güter und Dienstleistungen. Lediglich dort, wo Luxus vom normalerweise Gekauften differenziert ist, tut sich eine neue Qualität auf, die allerdings recht vielgestaltig und unterschiedlich verstanden sein kann. Das, was als Luxus empfunden wird, wird sozial und ökonomisch, milieuspezifisch, ebenso wie individuell, dann doch ziemlich unterschiedlich sein.

Konsum und Moral: Konsumchancen, also Einkommensvorteile, sollten nicht, so der alltagssprachlich ausgedrückte moralische Imperativ des früheren Bürgertums, durch angeberischen Konsum demonstriert werden. Dahinter steckt eine Art von protestantischer Alltagsethik: Understatement wäre mithin die Maxime für wohlhabende Mitmenschen gewesen, um den finanziell schwächeren Mitmenschen eben nicht andauernd ihre Schwachheit vor Augen zu führen. Das kann dauerhaft funktionieren, wenn es entsprechende soziale Normen, also Folgen gibt. Mit der Alltagspräsenz von Werbung, in deren Zentrum der mit den beworbenen Gütern verbundene bessere Lebensstil, die höhere Aufmerksamkeit oder der größere und exklusivere Genuss stehen, löst sich das erwähnte frühere Understatement jedoch völlig auf.

Konsum und Luxus: In der Konsumgesellschaft ist Haben oder Habenkönnen, der Erwerb von Luxus, also das Sichleisten von Luxuriösem, vergleichsweise leicht. Der Kaufpreis und das Markenimage signalisieren Luxusprodukte, die in entsprechendem Ambiente angeboten und gekauft werden können. Gewissermaßen mit einem Knopfdruck auf den eigenen Geldbeutel lässt sich so per Kopfnicken Luxuriöses, damit ein erwartetes gehobeneres Lebensgefühl, herbeischaffen. Man kann sich auch Ausgefallenes leisten, sofern das Geld in der Brieftasche reicht. Allerdings, das gute angenehme Gefühl, das mit dem Besitz eines neuen Konsumguts oder etwas Luxuriösem verbunden ist, hält nicht lange. Konsum und Luxus nutzen sich rasch ab. Es gibt damit einen nachhaltigen, mehr oder weniger sanften Zwang zu »mehr« und »besser«.

Konsum hier und heute

Auch für die neue linksliberale Mittelschicht ist Konsum, sind die Konsumgesellschaft und ihre ununterbrochene Werbe- und Marketingmaschinerie eine Selbstverständlichkeit geworden, die nicht infrage gestellt wird. Wie sollte es auch anders sein, nach 50 oder 60 Jahren Konsumalltag und zwei Generationen später? Dieses Verständnis betrifft alle Milieus, ausgenommen beflissene und authentische Öko-Anhänger. Gewissermaßen verfeinert schlägt sich das bei den neuen Linksliberalen nieder. Da soll es nicht der herkömmliche industrielle und »billige« Standard, die Massenware sein, auch nicht die Luxuswaren der Eliten, sondern das durch spezielle Eigenschaften sich heraushebende Besondere und Bessere, eben das Reckwitzsche Singuläre.

Das begann vor vielen Jahren mit Biolebensmitteln, ökologisch verträglichen Reinigungsmitteln und sauber hergestellten und produzierten Textilien und Kleidungsstücken. Öko, Bio, Fairtrade, dazu ein handwerklich oder kunstgewerblich hergestelltes Produkt, das waren Gütezeichen für besseren, richtigen Konsum. Bei Tech-Ware funktionierte das nicht, hier behalf man sich ziemlich schnell mit den etwas elitär sich abgrenzenden Apple-Produkten.

Auch bei den Autos war da nichts, was teilweise koreanische SUVs, Volvos, traditionelle Landrover und Jeeps wegen der Ursprünglichkeit, nahelegte. Ebenso möglich, gut erhaltene Auto-Antiquitäten, was sich in Hinblick auf Langlebigkeitsorientierung besonders gut macht, heute gilt natürlich ein E-Auto oder zumindest ein Hybrid-Modell als Umweltsignal.

Die Bandbreite des Besonderen kann dabei groß sein. Das zeigt sich in Bekleidung und Wohnungseinrichtung. Von Shabby Chic bis Marken-Gebrauchtkleidung, von mühsam zusammengesuchten, preiswerten bis leistbaren Antiquitäten, raffiniert rohe Sachlichkeit oder konsequente Ikea-Möblierung, es kann nahezu alles herausstechend legitimiert werden, als Besonderes gelten und für nahezu unerschöpflichen Gesprächsstoff sorgen. Wo herkömmliche Werbung mit hohem Aufwand den Konsumgütern das Besondere andichtet, sind im linksliberalen Milieu die Käufer, die Konsumenten selbst jene Werbeagenten, die auf das Besondere hinweisen, es definieren und kommunizieren.

Das ist gar nichts Neues; vor 60 Jahren schon haben sich Knaben intensiv über die verschiedenen Modelleisenbahn-Marken gestritten und die jeweils anderen vom eigenen Geschmack zu überzeugen versucht. Bei den Vätern war es vor sechzig Jahren genauso, da waren es halt die Motorrad- und Roller-Marken und später dann die der Autos. Bei der Kleidung des linksliberalen Milieus (dazu gleich) verhält es sich ähnlich schwarmmäßig: neu im Milieu aufgetauchten Trends wird halb unbewusst gefolgt.

Bobos, Hipster und andere Typen

Bobos, das ist die Abkürzung für bourgeois und bohémien, für eine lockere, große Personengruppe, die meist linksliberal und urban orientiert ist; sozusagen ein Kind von gutgestellten, halbwegs arrivierten, selbst linksliberal und grün orientierten Mittelschichteltern. Ein Kind, das deren berufliche Karriere in der Gesellschaft weiterführt, da es mit entsprechendem Aufwand dorthin befördert wurde. Geld ist vorhanden, dazu eine progressive, sanft kritische, jedenfalls weltoffene und multikulturelle Haltung.

Während die Bobos eher aus der oberen Mittelschicht kommen, sind die Hipster[123] ihr Gegenstück aus der unteren Mittelschicht. Es sind die rustikaleren Typen. Immer etwas punkig, nerdig und proletaroid, also teilweise ungehobelt und mit traditionelleren Haltungen eingemischt. Hier trägt Mann heftige Bärte, große Brillen und gibt sich durchaus schon einmal unreflektiert der Mainstream-Konsumkultur hin. Essen muss eher schmecken, statt trendig zu sein, die Kleidung unisex, etwas verschlissen, sie darf durchaus einigermaßen provinziell und gern antiquiert aussehen. Die Gruppenmeinung wird gegebenenfalls stoisch ignoriert, man schämt sich nicht dafür, ein bisschen mehr störrisch und weniger ans eigene Milieu angepasst zu sein, im Gegenteil, man bezieht persönliche Identität daraus.[124]

Die Linksliberalen, die Postmaterialisten heute, bilden insgesamt ein Kontinuum zwischen Bobos, Hipstern und dazu ziemlich durchschnittlich daherkommenden alten Mittelschichtmenschen, das Milieu fasert hier wohl ziemlich aus, wird zu den Rändern hin unschärfer.

Die neue linksliberale Mittelschicht hat einen ökonomisch heiklen und breiten Fransensaum nach unten. Zeitverträge,

123 Der Begriff wurde von den Beatniks der 1950er Jahre anders verstanden, nämlich Interessierte an der Subkultur der städtischen schwarzen Bevölkerung der USA, abgesetzt von den weißen Mittelschichtsidealen.

124 David Torcasso: Wer ist ein Hipster?, in: NZZ (Neue Zürcher Zeitung), 23. 3. 2012, https://www.nzz.ch/wer_ist_ein_hipster-1.16017413

Ich-AGs, prekäre Dienstverhältnisse, Praktika sind das eine, das andere eine durchaus selbstgewählte Unstetigkeit bei der Berufsarbeit. Man möchte persönliche Vorlieben mit dem Geldverdienen vereinbaren können und – typisch für die Generation Y – am liebsten immer wieder einmal was anderes Interessantes machen. Im Kultur- oder Bildungsbetrieb mitarbeiten, bei einer NGO, dann auf einen langen Segeltörn gehen, später einen Film drehen, Coaching machen und dann einmal ein eigenes Lokal betreiben. Dazu am besten in Berlin, Köln, Hamburg oder Wien leben oder als Ausweis der eigenen Leistungsfähigkeit, in New York eine zweite Wohnung haben und deswegen leider halt viel Fliegen müssen. Das wirkt natürlich bei Dreißigjährigen ziemlich pubertär und führt zu wenig professionellen, sondern oberflächlichen, bunten Berufserfahrungen. Zugute kommen einem dabei, sofern man darüber verfügt, Netzwerkqualitäten – viele Jobs basieren, vielleicht heute mehr denn je, auf Freunderlwirtschaft, gerade bei den Linksliberalen. Verfügt einer über gute Netzwerke (Kapitel 8), kann er oder sie sich eine Zeit lang brauchbar durchschlagen, selbst wenn es zu zwei Wohnungen nicht reicht und die Ansprüche ziemlich gedrosselt werden müssen. Falls notwendig, unterstützen einen die eigenen Mittelschicht-Eltern.

Konsum als Mittel zur Aufmerksamkeitsgenerierung

Konsum dient als Mittel zur Signalisierung von Werten, Haltungen, Meinungen. Dies wird seit Menschengedenken genutzt, um Aufmerksamkeit auf sich zu ziehen, Status vorzustellen, Macht und finanzielle Möglichkeiten zu demonstrieren sowie sexuelles Verhalten zu stimulieren. Mit Konsumgütern kann man »Eindruck schinden« und damit der eigenen Identität etwas Gutes tun.

Dies entdeckt man heutzutage in den USA als Signaling und Self-Signaling.

In bestimmten Milieus hat »socially responsible consumption« besonderen Aufmerksamkeitswert, welcher bis hin zum Charakter einer sozialen Norm reichen kann. Sozial verantwortlich fühle sich dabei besonders die urbane Generation Y, also die neue linksliberale urbane Mittelschicht im Alter von ca. 20 bis 40 Jahren. Was diese, jedoch ebenso ihre linksliberale urbane Vorgeneration auszeichnet, ist tatsächlich ausgeprägtes Virtue-Signaling, also das Darstellen und Verkünden eigener Tugendhaftigkeit und politischer Korrektheit. Das Herausstellen bringt »die anderen« in Bedrängnis, denn diesen wird damit automatisch unterstellt, altbacken, unmodern, moralisch schlecht zu sein oder falsch zu liegen. Das ist neben dem sozialen Signal ebenso Balsam für die eigene Identität.

Essen

Vegetarisches und veganes Essen sind schwer en vogue, obschon nur ein paar Prozent der mitteleuropäischen Menschen sich im Jahr 2017 so ernähren. In Deutschland sind rund 10 Prozent (oder weniger) Vegetarier und ein Prozent Veganer. In Österreich sind 9 Prozent Vegetarier und ebenso ein Prozent Veganer.[125] Vor allem Jüngere, mit höherer Bildung und deutlich mehr Frauen als Männer. Die fleischlose Ernährung wird dabei weitgehend moralisch begründet, nahezu alle sind tierschutzorientiert (insbesondere gegen industrielle Massentierhaltung). Und, die Haltung ist eher

125 Statista.de: Daten vom Institut für Demoskopie, Allensbach und andere, https://de.statista.com/themen/2636/fleischverzicht/; Österreich: Meinungsraum.at, Entwicklung von vegetarischer, veganer und flexitarischer Ernährung in Österreich 2015 bis 2017, Wien 2018.

vom Einkommen unabhängig, die Aufzahlungsbereitschaft hoch, man ist also bereit, für Vegetarisches und Veganes höhere Preise zu bezahlen.

Nicht alle Linksliberalen sind Vegetarier, aber ganz grundsätzlich sind handwerklich hergestellte Lebensmittel erste Wahl, also Brot vom Bäcker, nicht von der Brotindustrie, Selbstgemachtes ist willkommen, Bio-Lebensmittel oder Fairtrade-Kaffee sind für viele ein Muss. Mit besserem Einkommen gelangen dann auch luxuriösere Esswaren ins Spiel, französische oder Schweizer Käse, Rotweine aus der Toskana, Orange Wine, Craft Beer, chinesischer Bio-Tee, Bionade-Limonade,[126] biologische Fairtrade-Süßwaren von kleinen Manufakturen, gegebenenfalls Normandie-Austern, wenn denn der Tierschutz nicht dagegen spricht. Irgendwie alternative Produkte, oder als solche vermarktete Waren oder neue Trends sind wichtige Distinktionsmittel in der eigenen Gruppe und Blase. Slow Food immer gerne, jedoch ist das meist teuer; vegetarische Bowl-Gerichte sind leistbarer und in den letzten Jahren Bobo-Mode geworden, nahezu beliebig kombinierbar. Levante- oder Maghreb-Küche passt überdies hervorragend zur Refugees-Welcome-Solidarität. Es geht um »Clean Eating«, oft mit nahezu religiösem, sagen wir magischem Bezug. Einem selbst Gutes tun, mit guten, richtigen Lebensmitteln für den Körper und die Seele, gewissermaßen als distinguierendes Ritual.

Also alles ähnlich wie bei der traditionellen Mittelschicht, aber eben mit grünem Charakter und im gehobenen Segment, »besserer« Konsum gewissermaßen. Statt Suffizienz und Bescheidenheit heißt das nun: »Shopping for a better world«. So hieß übrigens das erste Buch, das eine Art von Unternehmenstest für

126 Henning Sußebach: Bionade-Biedermeier. Prenzlauer Berg in Berlin. In: Zeit Magazin 8. 11. 2007.

angebotene Produkte darstellte,[127] dabei geht es nicht um das beste Produkt, sondern um den besten, den umweltfreundlichsten, den saubersten Hersteller.

Premium-veredelte Mittelklasse

Auch beim Konsum sogenannter Premium-Mediocrity-Produkte geht es um das erwähnte Signaling, die Signalwirkung. Allerdings nicht mehr wie beim klassischen Luxusprodukt, beim Premiumauto, beim Porsche, um eine Zeigefunktion gegenüber der gesamten sozialen Umwelt, etwa den vielen anonymen Autofahrern, mit denen man im Straßenverkehr zu tun hat. Sondern es geht nur um die Peergroup, die Freunde und Bekannten. Durchschnittsware wäre das gewöhnliche Mittelmaß der alten Mittelschicht oder der Unterschicht, gewissermaßen das BMW-Auto der jungen Prolls und jungen Migranten, das Pril, Persil oder die Siemens-Waschmaschine der Mittelschicht-Mammi. Viel zu gewöhnlich, igitt. Das gesuchte Produkt ist jenes, das vom Durchschnitt abhebt, über das man eine kleine Geschichte erzählen oder begründen kann, warum sie nun so besonders ist. Der Flohmarkt-Fön (egal welche Marke) geht durch, ebenso die vom Großvater geerbte Rolex-Armbanduhr. Neu gekauft wäre sie nur prolo, neureich. Um beim erwähnten Fön zu bleiben: ein Profigerät, das Friseure verwenden, das geht wieder, wegen Usability, Umweltschutz und Nachhaltigkeit, usw. Jedoch eine authentische Expertise kann man sich von den Premium-Mediocrity-Fans nicht erwarten, da sind sie meist doch zu oberflächlich und zu wenig an den Inhalten interessiert sind. Was durchaus verständlich ist.

127 Council on Economic Priorities (CEP): Shopping for a Better World. The quick and easy guide to all your socially responsible shopping. CEP Books, New York 2000.

Der Kult um das Besondere, oder sagen wir besser die Neigung zum Singulären, zum Außergewöhnlichen, letztlich zur Premium mediocrity, ist eine Strategie der Sorge (so hieß das noch bei Heidegger) um Anerkennung, moderner: eine Anerkennungsmanipulation im Freundeskreis. Das ist neben der physischen Selbstoptimierung (Radfahren, Joggen, Fitnesstraining, Gesundessen – »stark« sein wollten Männer, »schön« sein Frauen immer schon) jenes Konsumfeld, das mit bewusster Selektion bespielt wird. Kreativ und gesund essen, da kommen neue angesagte Getreidesorten gerade recht, wie Quinoa, Bulgur, Couscous, Hirse, Buchweizen, Einkorn, usw.

Natürlich darf ein moderner urbaner Linksliberaler Fußballfan sein, sofern er die Stars als Prolo-Spieler insgeheim und in der Ingroup verachtet. Man darf auch an klassischer Musik interessiert sein, wenn das in die biografische Erzählung passt und damit die Eigenheit entschuldigt oder zu etwas Besonderem macht. Gerne verschafft man sich ein virtuelles Wohnzimmer (im öffentlichen Raum), indem man mit teuren Kopfhörern seine Lieblingsmusik hört und gesundes Fast Food dazu isst. Nach jahrelanger Gewöhnung an das Tätowieren der Unterschicht (zwecks Individualitätsgenerierung, Darstellung des harten Burschen oder der »toughen« Frau, dazu sind Tattoos weit preiswerter als etwa ein neues Auto) darf man sich als neuer Mittelschichtler nun gleichfalls ein paar Tätowierungen als Distinktionsplus leisten. Eigentlich darf man eh alles, kann einer das halbwegs plausibel in ein stimmiges Narrativ, eine schöne Erzählung, einbinden.

Kapitalistischer Automatismus

Es ist schon interessant. Der Kapitalismus hat die Menschen in den wohlhabenden Gesellschaften mit immer mehr, und zugegeben meist mit immer besseren Gütern versorgt. Anfangs interessierte die Verbraucher nur die Ware, sofern sie leistbar war. War die Ware zur gewohnten Umgebung, zur Selbstverständlichkeit geworden (was bei Annehmlichkeiten durch Konsum rasch und nur in eine Richtung geht – der sogenannte Ratchet- oder Sperrklinkeneffekt von Konsum), dann ging es um das möglichst hochwertige Produkt. Nunmehr geht es um das besondere, das herausgehobene, das umweltverträgliche, fair getradete, alte Handwerklichkeit repräsentierende Mehrwert-Produkt, das aber noch in den Leistbarkeitsgrenzen liegen muss. Es darf also nicht, wie die klassische Luxusware, unverschämt teuer sein. Von dieser Eskalationsspirale des Konsums haben sich die Menschen nie wirklich emanzipiert, sie sind ihr im Großen und Ganzen willig wie Esel gefolgt. Das ist ein wesentliches Geheimnis der Konsumgesellschaft, die zuverlässig (im Westen) Revolten und Aufstände verhindert, die sozialen Fragen weit aus dem Mittelpunkt rückt und die Konsummöglichkeiten im Fokus der großen Mehrheit hält. Insofern hat Konsum eine ganz wesentliche, gesellschaftlich friedensstiftende Funktion erhalten, die kaum jemand in Frage stellen will.

Wohnen: urban, möglichst nahe der Szene, zentral, Altbau

Die große Altbauwohnung, etwa im Wiener Bezirk Neubau, oder am Prenzlauer Berg in Berlin oder im Münchener Schwabing ist der Traum des linksliberalen Milieus. Mit einem oder gar mehr Kindern geht auch das Architektenhaus am Stadtrand noch durch, wenn das Ambiente stimmt, jedoch kommen damit Nachteile einher. Nicht wegen des Neids der Freunde, der ist nicht so offensichtlich (Neid versagt sich gern, er passt nicht ins

Selbstbild, obschon er vermutlich oft heimlich nagt), sondern wegen der räumlichen Exklusion, man verliert radikal die Gelegenheitskontakte zur Gruppe. Die Freunde wollen nämlich lieber in ihrem Viertel und der gewohnten Infrastruktur bleiben, sie bewegen sich ungern aus dieser heraus. Also nahe dem Geruch des Milieus, den vielen In-Lokalen, dem gewohnten Biobäcker und dem bevorzugten Bioladen. Sein Biotop verlässt der urbane Linksliberale nur ungern, wenn er sich erst einmal daran gewöhnt hat. Es ist tatsächlich eine gelebte Filterblase (wie das heute gern genannt wird) und alles was außerhalb davon erscheint, nimmt den Charakter einer Zumutung an, die sich das sensible Gemüt nicht antun will.

Zur Altbau-Wohnung gehört der hohe Raum, der Holzfußboden, der durchaus knarren darf, schlecht schließende Fenster und Türen, altmodische Bäder – das wird in Kauf genommen. Bei der Wohnungseinrichtung kann es »Shabby Chic« sein, individuell gekauft, geschenkt bekommen, durchaus abgenützt, zusammengewürfelt, Dinge, denen man ihre Nutzung ansieht und die nun ökologisch verantwortungsvoll weiter- oder wiedergebraucht werden. Eine 1960er-Jahre-Küche, ergänzt durch ein modernes Mikrowellengerät, geht durch, wenn sie nur authentisch anmutet, irgendwie »Atmosphäre« hat. Jedoch, bei Connaisseuren und Aficionados darf es ebenso eine modern designte Hi-Tech-Küche werden, sofern entsprechend Platz in der Wohnung und entsprechendes Geld vorhanden ist. Das geht im Einzelfall ebenso für cooles skandinavisches Design durch, wenn es halt irgendwie stimmig und erklärbar ist. Betten sollten allerdings stets, schließlich verbringt man viel Zeit mit Schlafen, gesund, bio-/ökologisch und handwerklich hergestellt sein, ebenso das Bettzeug.

10 Normalisierungen: neue Standards, neue Kultur

Neue Subkulturen setzen Jahre später, wenn sie sich in den Mainstream entfaltet haben, neue Standards, wie das Alltagsleben geht. Die alten Reste werden mit der Zeit unmodern und verschwinden langsam, das Neue setzt sich durch und ist dann eben, wie ein Kippbild, einfach da. Lebt man im Zeitstrom, merkt einer meist nicht viel davon. Wie bei einem Kind oder dem Partner – das Größerwerden, das Altern fällt nicht auf. Der selten getroffene Verwandte oder eine längere Zeit im Ausland lebende Bekannte nehmen die Veränderungen deutlicher wahr. Ein Treffen mit Menschen, die einer länger nicht gesehen hat, etwa mit Verwandten, oder ein Besuch der Gegend, in der man als Kind war, mag recht hilfreich sein, um sich die »konsumierte« Zeit und die ungesehenen Veränderungen selbst bewusst zu machen, darum sind auch Klassentreffen beliebt.

Freunde, Beziehungen …

»Irgendein kluger Mensch hat einmal gesagt, Freunde seien die Familie des 21. Jahrhunderts.«[128] Waren im 20. Jahrhundert die Herkunftsfamilie und die selbst gegründete Familie die wesentlichen Bezugszentren, sind diese nun langsam durch Freunde, Peergruppen abgelöst und diversifiziert worden, hat es den Anschein. Ausnahme ist das eigene Kind, um das man sich kümmern muss und will. In der Selbstwahrnehmung ist

128 Anna-Maria Wallner: »Freundinnen helfen im Alltag enorm«, in: Die Presse, 12. 5. 2019, S 34 f.

der Freundeskreis ein selbstbestimmtes, souveränes Feld, der Partner, die Partnerin hingegen nach einer gewissen Dauer oft zu einem fremdbestimmenden Anhängsel geworden. »Das Wort ›Fremdbestimmung‹ triggert mich extrem,« sagt eine Interviewte in der *Presse*, eine andere: »Ich merke, wie sehr ich meine Freiheit schätze und brauche.«[129] Die Gesprächspartnerinnen der Journalistin bringen das soziale Verhältnis zu Partnern und Freunden auf den entscheidenden Punkt: Keine Abhängigkeiten – oder was man dafür hält. Möglichst keine kräftigen mikrosozialen Bindungen, die den eigenen narzisstischen Impulsen hinderlich sein könnten.

Paarbeziehungen sind in den letzten Jahrzehnten zweifellos instabiler geworden, rund die Hälfte der Ehen, nachdem man sich vor der Eheschließung übrigens meist schon ganz gut gekannt hat, werden heute geschieden, bei nichtverheirateten Paaren sind Trennungen weitaus häufiger. Berufstätige Partnerinnen sind a priori ökonomisch unabhängig, und wenn man von der Geldseite her unabhängig ist, wird man offenbar intoleranter, man muss weniger Risiken vermeiden. Es sind heute mehrheitlich Frauen, die sich scheiden lassen. Vor allem dann, wenn man glaubt, dass die eigenen, die ganz persönlichen Entwicklungsmöglichkeiten behindert, beschränkt werden, könnte immer noch ein besserer Partner kommen. Grundsätzlich ist die eigene Wertigkeit wichtig geworden: Menschen wollen (und müssen es geradezu zwanghaft in unseren modernen und auf Wettbewerb ausgelegten Zeiten) ihre eigenen Chancen wahrnehmen. Im Grunde ahnen zwar alle, dass das Leben nur eine kurze, oft hilflose Angelegenheit ist, verdrängen es aber. Nur nicht selbst zu kurz kommen, ist das

129 a.a.O.

allumspannende Motto. Die Wettbewerbsgesellschaft zertrümmert langfristige Bindungen.

Kein Wunder, dass Freunde gegenüber dem Partner oder der Partnerin an Bedeutung gewinnen: man sieht sie gelegentlich bis regelmäßig, taucht kurz in eine gemeinsame Welt, ein geteiltes Wohlfühlen ein, dann verlässt man sich wieder. Der Partner/die Partnerin hingegen ist andauernd da, ein permanenter Störfaktor für die Illusion der eigenen Freiheit, »Das Wort ›Fremdbestimmung‹ triggert mich extrem,« hatten wir vorhin zitiert. Nicht die Fremdbestimmung an sich rührt die Interviewte an, sondern das Wort, der Begriff »triggert« sie. Eine schräge Welt, in der wir heute leben. Man kommt, selbst für den persönlichen Bereich, nicht mehr ohne jene modischen, identitätspolitischen, identitätslinken Begriffe aus, wenn einer die persönliche Welt benennen und beschreiben will. Man ist gewissermaßen selbst zum Jargon, sich selbst gegenüber reduziert und entfremdet geworden.

Die Normalisierung des Fremden

Der oder die Homosexuelle war in den 1960er-Jahren ein Gegenpol zur Gesellschaft, das war so etwas wie Widerstand, das Fremde oder Neue mit der Aura des Tabubruchs, des Außergewöhnlichen. Das hat sich mittlerweile normalisiert, eigentlich verzerrt übernormalisiert. Konnten sich vor 50 Jahren bekennende Homosexuelle, die zweifellos gesellschaftlich krass benachteiligt, bedrängt und geächtet wurden, als Fanal des Ungehorsams gegenüber dem Mainstream, also heterosexueller Anpassung, Gleichrichtung und verlogener Kultur darstellen, so wirken sie heute mit ihren Integrationsbestrebungen, etwa Ehe und Kinderadoption, als

Musterschüler eines bürgerlichen Spätkapitalismus.[130] Galt damals die Ehe als spießig, mutierte sie zwischenzeitlich als Homo-Ehe zu einer progressiven Angelegenheit. Medial und politisch wird dabei eine kleine Minderheit (rund drei[131] bzw. knapp zwei[132] Prozent der Deutschen sind homosexuell) zur krass benachteiligten Großgruppe oder Mehrheit umgedeutet. Zum dritten Geschlecht dürften übrigens in ganz Deutschland 1600 Personen zählen, wie *Die Zeit* im Mai 2019 hinter der Bezahlschranke berichtete.[133] Für diese will die Rot-Rot-Grüne Berliner Stadtregierung – und andere Bundesländer wollen folgen – eine dritte Toilettenart errichten lassen. Das ist schon heftig zutage tretende politische Pathologie.

Viele »weltoffene« linksliberale Gutmeinende behandeln heute die frühere – und an den Mehrheitsverhältnisse gemessen nun tatsächliche sexuelle Devianz – als neue, willkommene Normalität. Und verlieren dabei jegliches Augenmaß. Die mediale Berichterstattung, Unterstützung öffentlicher Einrichtungen und die persönliche Beteiligung an sensationellen Events wie »EuroPride« und »Life Ball«, die Lifestyle markieren, schaffen neue soziale Normen. Das zeitigt Folgen. In Großbritannien sorgen öffentliche Schulen mit ihren Diversity-Aktivitäten zusehends dafür, dass immer mehr Kinder glauben, sie wären nun schwul, bisexuell oder intersexuell, oder wollten dies sein, da das eben was Besonderes, eine interessante »Marke« abgebe.[134]

130 Karl Kollmann: Zur Aktualität Herbert Marcuses in der fortgeschrittenen Konsumgesellschaft, in: Michael-Burkhard Piorkowsky, Karl Kollmann (Hg.): Vergessene und verkannte Vordenker für eine Kritische Konsumtheorie. Beiträge aus Ökonomik, Soziologie und Philosophie. Schriftenreihe Kritische Verbraucherforschung 4. Springer, Wiesbaden 2019.

131 Friedrich Homann: Ehe der Inklusion: Der Berg kreißte und gebar eine Maus. Zur quantitativen Bedeutung von LGBT; in: telepolis, 16. 7. 2017. https://www.heise.de/tp/features/Ehe-der-Inklusion-Der-Berg-kreisste-und-gebar-eine-Maus-3762409.html .

132 Martin Kroh et. al: Einkommen, soziale Netzwerke, Lebenszufriedenheit: Lesben, Schwule und Bisexuelle in Deutschland, in: DIW Wochenbericht Nr. 35.2017, 31. 8. 2017, S 686-699.

133 Perlentaucher 10. 5. 2019, https://www.perlentaucher.de/9punkt/2019-05-10.html

134 'Why is my teenage girl picked on for NOT being gay or trans?' A disturbing look at how

Jene Normalisierung wird natürlich Folgen für traditionelle Paarbeziehungen haben – sie werden irgendwie fad und damit marginalisiert, Routine. Triebstrukturelle Angelegenheiten neigen häufig zu gesuchten Steigerungen des Erlebnisses. Damit ist anzunehmen, dass zu den herkömmlichen nun ebenso homosexuelle und bisexuelle Affären »normaler« werden, um das Gestattete selbst auszuprobieren. Oder Polyamorie, warum sollte man nicht eine Beziehung zu dritt oder viert führen, das könnte doch eine neue, tiefe Erfahrung sein und dazu wunderbaren Gesprächsstoff abgeben; also für Aufmerksamkeit und Anerkennung im Freundeskreis wäre damit gesorgt.

Gegebenenfalls ein Kind zusammenbasteln

Die neue linksliberale Mittelschicht ist ziemlich technikaffin, die traditionellen Linken etwa waren immer schon von Technik, also dem Erfinder- und Schöpfergeist des Menschen angetan. Vielflieger beispielsweise sind in erster Linie die Grünwähler und dann die Wähler der Linken.[135] Daran hat sich in den letzten Jahren nichts geändert. Postmaterialismus heißt ja heute nicht, auf Konsum zu verzichten – vielmehr sollte er einen distinktiven Charakter haben, qualitätsvoll und von der Ingroup akzeptiert sein. Daher ist auch die medizinische Technik gut akzeptiert und man lässt sich gegebenenfalls bei der Besamung medizintechnisch helfen, oder bastelt sich, wenn genügend Geld vorhanden ist, gar ein Wunschkind zusammen: Vater weißer Nordamerikaner,

teachers and pupils have turned tolerance on its head, in: Mail online, 23. 4. 2019, https://www.dailymail.co.uk/news/article-6952453/Why-teenage-girl-picked-NOT-gay-trans.html .

135 David Böcking: Reiseverhalten von Grünen-Wählern, Bahn predigen, Business fliegen, in: Spiegel online, 12. 11. 2014. http://www.spiegel.de/wirtschaft/unternehmen/gruenen-waehler-halten-rekord-bei-flugreisen-a-1002376.html .

Mutter Ostasiatin, Augenfarbe blau, Leihmutter aus Indien. Geht ja alles schon.

Politisch korrekte Sprache

Sprachlich »gendern« ist seit den 1990er-Jahren zu einem wichtigen Erkennungszeichen des postmaterialistischen, des fortschrittlichen postmateriellen Großmilieus geworden. Am Verweigern des generischen Maskulinums und seinem Ersatz durch Binnen-I, Sternchen oder Unterstrich-innen erkenne man Fortschrittlichkeit, Gesinnung und Zugehörigkeit des Autors oder der Autorin eines Textes. Manche beflissene Musterschüler sprechen dann sogar so. Dazu kommt, dass alle Menschen, nicht nur Kinder, ebenso mündige Erwachsene, zur richtigen, zu einer korrekten Sprache angehalten, erzogen werden sollen. Gender-Erzieher in Bundes- und Landesregierungen, in Kommunen, Organisationen in dem Staat vorgelagerten oder aus ihm ausgelagerten Bereichen, bevorzugte Arbeitsplätze des linksliberalen Milieus, sind hier umfassend und akribisch tätig. Offenbar ist das wichtiger, als substanzielle Aufgaben wahrzunehmen. Natürlich tun ebenso Unternehmen im staatlichen Nahbereich, oder sich für fortschrittlich haltende kommerzielle Unternehmen dabei gern mit. Es ist kostenlose PR und scheint gut bei öffentlichen Entscheidungsträgern anzukommen.

Solche sprachlichen Korrekturen und Besserwissereien begannen mit selbststilisierten Sittenaposteln und Tugendwächtern der einst betulichen Art, in den späten 1970er- und frühen 1980er-Jahren. Eher mit christlich inspiriertem Hintergrund entstand ein kleiner, mitmenschlich angelegter Kreuzzug gegen Worte wie »Neger« und »Zigeuner«, die nun als belastet empfunden und deshalb gemieden werden sollten. Das war zwar eher kein Anliegen dieser zwei Bevölkerungsgruppen, sondern eine Art von Fürsorge-Anspruch aus der (unterstellten) Mehrheit, den diese Aktivisten beanspruchten.[136] Und es war wohl ebenso eine Auswirkung einer tugendwächterlich aufgeschnappten Rezeption der US-amerikanischen Bürgerrechtsbewegung im deutschen Sprachraum. Eine Art erweitertes, kulturell eigenes, moralische Sühnebekenntnis Gutmeinender, ergänzend zu den Großthemen Juden und Ausschwitz. Eine kleine Minderheit, die sich kulturell und moralisch in Stellung brachte, denn schon damals interessierten wirtschaftliche Verhältnisse eher nicht mehr so. Eine Außenseitermeinung, die schön langsam über Schulen und das Bildungspersonal plus Kirchen dann zum Mainstream wurde. Denn eine der fortschrittlichsten Figuren der damaligen Gesellschaftsanalyse konnte selbstverständlich unbeanstandet schreiben:

»If the worker and his boss enjoy the same television program and visit the same resort places, if the typist is as attractively made up as the daughter of her employer, if the Negro owns a Cadillac, if they all read the same newspaper, then this assimilation indicates not the disappearance of classes, but the extent to which the needs and satisfactions that serve the preservation of the Establishment are shared by the underlying population.«[137]

136 Anne-Catherine Simon: »Das Wort Rom beleidigt mich, nenn mich Zigeuner!«. In: Die Presse, 13. 1. 2012. https://diepresse.com/home/meinung/marginalien/723416/Das-Wort-Rom-beleidigt-mich-nenn-mich-Zigeuner .

137 »Wenn der Arbeiter und sein Chef sich am selben Fernsehprogramm vergnügen und dieselben Erholungsorte besuchen, wenn die Stenotypistin ebenso attraktiv hergerichtet ist wie die Tochter ihres Arbeitgebers, wenn der Neger einen Cadillac besitzt, wenn sie alle dieselbe Zeitung lesen, dann deutet diese Angleichung nicht auf das Verschwinden der Klassen hin, sondern auf das Ausmaß, in dem die unterworfene Bevölkerung an den Bedürfnissen und Befriedigungen teil hat, die der Erhaltung des Bestehenden dienen.« In: Herbert Marcuse: Der eindimensionale Mensch. Studien zur Ideologie der fortgeschrittenen Industriegesellschaft. Klampen Verlag, Springe 2014. (Original 1964, deutsch 1967), S 28.

Auf die erwähnte sprachliche Zwangsverwaltung der »Zigeuner« wurde ja bereits verwiesen. Dabei taucht jenes Muster auf, das wir von Faschismus und Stalinismus, aber ebenso aus der Propagandaarbeit der US-amerikanischen Regierung und der Industrie kennen[138]: Umbenennung, Neueinordnung bei subtilem Zwang. Was einen dabei schon wundern kann, wieso sich die mitteleuropäischen, später dann nordamerikanischen und von diesem Raum dann in den letzten Jahren wieder nach Europa zurückgekehrten Intellektuellen, die ja doch besonders sensibel für Zwangsverwaltung und Fremdbestimmung sein müssten, sich dies so widerstandslos gefallen haben lassen und oft noch eifrig dabei mitgemacht haben.

Nicht nur das ist bemerkenswert, sondern ebenso das magische Verständnis, mit dem Sprache gedacht wird. Frappant, man meint nun, mit einer guten Sprache käme schon das Gute in die Welt – das Böse, Ärgerliche wäre ausradiert, wenn die Sprache gereinigt und endlich richtig sei. Das ist noch ein Stück primitiver, älter und ursprünglicher als religiöse Gedankenarbeit, denn es ist einfach nur magisches Denken. Und, da sich Menschen meist in gruppengefärbten Teilwirklichkeiten befinden, heute modisch Filterblase, erscheint dies als Realität. Das ist nichts anderes als das »Thomas-Theorem«:[139] »Wenn Menschen Situationen als real definieren, so sind auch ihre Folgen real.«

138 Etwa Walter Lippmann: Die öffentliche Meinung. Wie sie entsteht und manipuliert wird. Hg. und Vorwort von Walter Otto Ötsch, Silja Graupe. Westend, Frankfurt am Main 2018 (Original 1922). Oder, Edward Bernays: Propaganda. Die Kunst der Public Relations. orange-press, Berlin, 2018 (Original 1928). Rainer Mausfeld hat das in ein gegenwartsbezogenes Panorama gestellt. Rainer Mausfeld: »Warum schweigen die Lämmer?« Wie Elitedemokratie und Neoliberalismus unsere Gesellschaft und unser Lebensgrundlagen zerstören. Westend Verlag, Frankfurt am Main, 2018.

139 Clemens Kroneberg: Die Erklärung sozialen Handelns. Grundlagen und Anwendung einer integrativen Theorie. Springer VS, Wiesbaden 2011.

Linke Esoterik

Mit Esoterik wird heute in erster Linie »rechts« assoziiert, denn den politisch Rechtsstehenden bis hin zu den Neo-Nazis wird – zurecht – eine Nähe zu Germanen- und Keltenromantik und zum breiten Feld der Esoterik nachgesagt. Wikipedia führt neben einem allgemeinen Beitrag zu Esoterik einen zu rechtsextremer Esoterik,[140] nationalsozialistische Größen wie Rudolf Heß und Heinrich Himmler werden dabei als Exponenten angeführt. Diese Rechtsverortung ist teilweise auf Theodor Adorno, neben Herbert Marcuse der zweite wesentliche Exponent der modernen Gesellschaftskritik des Spätkapitalismus, zurückzuführen.

Aber natürlich hat es ebenso seit den 1960er Jahren eine – in der Wikipedia übrigens nicht näher erläuterte – Form der linken Esoterik gegeben, bis heute übrigens. Schamanismus spielte in der kalifornischen Ausprägung der 68er-Subkultur eine große Rolle; ebenso dann die Hinwendung zu bewusstseinserweiternden Praktiken und Drogen (Haschisch, LSD), zu Meditationsformen wie Zen, Yoga und ihren vielfältigen Ausprägungen, ebenso die Neigung zu Anthroposophie und Homöopathie. Typisch ist die Affinität von Teilen des linken Milieus zu Verschwörungstheorien. Impfskeptiker, Granderwasser-Anhänger, Chemtrail-Gläubige (Chemtrail – Chemikalien, die mit den Kondensstreifen von Düsenflugzeugen über die Erde verstreut werden sollen) und andere esoterische Ansichten finden sich sowohl links, in der Mitte, wie rechts im politischen Spektrum der Bevölkerung. Eine »linke Esoterik« zu beschreiben ist bislang aus ideologischen Gründen vermieden worden. Zweifellos hat das linksliberale,

140 Rechtsextremismus und Esoterik, Wikipedia, https://de.wikipedia.org/wiki/Rechtsextremismus_und_Esoterik .

postmaterialistische Milieu, das ja überaus kräftig in den Medien sitzt, eine große mediale Agenda, Setting- und ebenso Themenvermeidungs-Macht. Die konservativen und rechten Milieus sind dem augenscheinlich nicht wirklich gewachsen und dazu vielleicht zu klein, jedenfalls dominieren sie nicht die Mainstreammedien.

Agenda Setting

Agenda Setting heißt, man gibt medial dem Publikum Themen vor. Das können einerseits Herausgeber und Chefredakteure ihren Journalisten anschaffen, oder andererseits diese selbst tun, um sich bei jenen beliebt zu machen. Oder bei dem einen und anderen Politiker. Selbstverständlich werden linksgrüne Journalisten und Journalistinnen natürlich vermehrt Themen ansprechen, die linkgrüne Fragen behandeln. Sie werden ebenso Themen vermeiden, die dem gegnerischen Milieu nützlich sein könnten. »Bei bestimmten Themen sind die journalistischen Kriterien der Selektion und der Gewichtung von Nachrichten und Informationen, nach denen Medien normalerweise operieren, – und das ist das Interessante – kollektiv außer Kraft gesetzt. Denkbar ist das Folgende: Aufgrund der Sorge, dass Ihre Studienergebnisse von Rechten missbraucht werden könnten, legen Journalisten lieber den Mantel des Schweigens darüber.«[141]

141 Marcus Klöckner: Studie: Zuwanderung erfolgt stark in arme Stadtviertel. In: Nachdenkseiten, 6. 7. 2019, https://www.nachdenkseiten.de/?p=53109 . Im Interview mit dem Autor der Studie Marcel Helbig vom Wissenschaftszentrum Berlin für Sozialforschung. Die Medien haben die brisanten Ergebnisse der Studie, trotz umfassender Aufbereitung seitens der Pressestelle, nicht wahrnehmen wollen.

Identitätspolitik

Natürlich sind es hysterische, zwangsneurotisch, magisch denkende Kinder geblieben, wenn manche Menschen heute zusehends Tatsachen, Wahrheiten, menschliche Untiefen und Widerwärtigkeiten nicht vertragen und sich von diversen Worten »getriggert« fühlen, diese auf jeden Fall vermieden wissen wollen. Realitätsflucht, eine Art von gesuchter Amnesie. US-amerikanische Universitätszustände mit Safe spaces, mit Wohlfühlinseln, mit nicht-verletzender Sprache, mit Plüschatmosphäre und dem Opferkult in der Nabelschau, die längst schon auf Europa übergegriffen haben, sind Ausdruck einer spätkapitalistischen Gesamtpolitik, die den besonders Empfindsamen ihre Befindlichkeiten ausspinnen lässt. Denn dann werden zuverlässig keine ökonomischen, keine grundsätzlichen Fragen gestellt, dann bleibt alles so, wie es ist, nur halt wesentlich empfindsamer und die Geschäfte gehen ungestört weiter. Was wiederum neue wirtschaftliche Chancen bietet; etliche »Schneeflöckchen«, wie man von politisch rechter Seite diese »verweichlichten« Personen (um einen alten Ausdruck zu verwenden, korrekt müsste man von besonders sensiblen bis hysterischen Individualisten sprechen) nennt, werden früher oder später wohl in psychotherapeutischen und psychiatrischen Behandlungen landen. Das ist nicht schlecht für das Geschäft der Gesundheitsindustrie. Bildungseinrichtungen, Universitäten, die sich als Kindergärten für kindlich gebliebene Jungerwachsene aufführen, leisten ihren entsprechenden Beitrag dazu. Übrigens hat hier eine völlige Verkehrung der traditionellen Universitätskultur, die für eine ernsthafte, meist stets skeptische, kontroverse und messerscharfe Auseinandersetzung mit der Wirklichkeit stand. Das war Tradition – nicht die Anbiederung an modische

Gepflogenheiten, etwa an moderne Schreib- und Sprachvorschriften, um billigen Applaus einzusammeln.

Identitätsmutationen

Männliche Studenten und Hochschulabsolventen wirken heute femininer als vor Jahren, Studentinnen und Absolventinnen oft maskuliner als zu früheren Zeiten. Das gilt im Wesentlichen für die urbane linksliberale Mittelschicht. Für diejenigen, die vom Land in die Stadt gingen, oder die wenigen, welche es aus der Unterschicht kommend an die hohen Schulen geschafft haben, blieb es bislang eher noch beim alten Modell. Stimmlich-sprachlich, im Gestus, in der geäußerten Haltung, also im Habitus, vermutlich ebenso in den persönlichen Vorlieben, scheinen sich die Geschlechter in eine Form von Androgynie aufzulösen.

Junge Mittelschicht-Männer muten heute oft an wie eine Art von nerdigen »Schüchtis«, die jungen Mittelschicht-Frauen wie »kleine Dominas« und »Pippi- Langstrumpf-Gören«; so, als wäre das ein neues Rollenmodell geworden. Das müsste wohl Veränderungen im Sexualverhalten nach sich ziehen – auf die zunehmende erotische Lustlosigkeit wurde bereits früher hingewiesen. Wie Männer und Frauen sexuell miteinander umgehen, sofern sie noch Sex haben, dazu fehlen jedoch bisher Untersuchungen, aber das wird sicherlich noch kommen. Mit gewissen Verzögerungen folgt dem kulturell ummantelten Sex nahezu alles, denn bei derartigen Veränderungen geht es stets ebenso um kommerzielle Nutzbarkeiten, um mögliche Marktchancen.

11 Die Bobo-Linke – blauäugige, narzisstische Dogmatiker

Die Linke, genauer: das urbane, linksliberale Milieu der Postmaterialisten, die Bobos und Hipster, sind behäbige Romantiker im Spätkapitalismus. Die Härte und Ungerechtigkeit der Arbeitswelt und des alltäglichen Lebens ist mittlerweile aus dem Vokabular der Linken verschwunden, beklagt sich Didier Eribon in seinem Buch *Rückkehr nach Reims.*[142] Dies offenbar, da sie, die Linken, nun aus der Mittelschicht kommen, oder die Herkunft aus der Unterschicht umfassend verdrängt und sich an die urbane Mittelschicht ein- und angepasst haben. Der Gang in die große Stadt, da die Enge und Miefigkeit der ländlichen Regionen und der kleinen Städte unerträglich wurden. Erst die Stadtluft mache frei – das betagte Lied, gewissermaßen.

Alte Linke und neue Linke (das linksliberale, grüne, multikulturelle Milieu) stehen sich heute damit diametral gegenüber. Verkürzt gesagt: der ewige Kampf gegen wirtschaftliche Ungerechtigkeit und der neue Kampf gegen individuelle und kosmopolitische Respektlosigkeit können nichts miteinander anfangen. Dabei hatte die 68er-Linke damals beides halbwegs gut im Blick. Allerdings, alte Linke, vor allem die Undogmatischen und Lernfähigen, bleiben heute kaum sichtbar – sie sind zum einen wohl ausgestorben, zum anderen haben sie sich eingeschüchtert verzogen oder stehen einfach nur still und bescheiden am Rand. Einige altlinkskonservative Personen finden sich am linken Rand der Sozialdemokraten, bei den Grünen, natürlich

142 Didier Eribon: Rückkehr nach Reims. Suhrkamp, Berlin 2016, S 78.

bei der bundesdeutschen Linken, die im Kern noch immer ihrer kommunistischen Vergangenheit nachtrauert und als Eigenbrötler bei den wenigen verbliebenen linken Medien. Dominant ist die Bobo- und Hipster-Subkultur rosa-grünen Zuschnitts, sie gilt als links und fortschrittlich.

Nette »coole« Bobo-Subkultur

Liest man einschlägige Dokumente der Bobo-Subkultur, paradigmatisch etwa Andrea Maria Dusls »Boboville«,[143] halbwegs nüchtern, seines überdrehten Beiwerks und der sprachlichen lustig gemeinten Allüren entledigt, dann offenbart sich eine eher kaputte Sphäre. Auf Genuss abgefahrene, selbstverliebte Narzissten, die sorgsam ihre Selbstdarstellungsbühnen drapieren und vom Sehen und Gesehenwerden sowie vom Name-Dropping leben, sozusagen ein neuer kleiner Stadt-Adel mit politisch korrektem Lebensgefühl.

Sieht man sich unter Freunden, Bekannten und Kollegen um, so steht multikulturell und bobo jedenfalls für Fortschritt und Weltläufigkeit, in Paris, London oder New York kennt man sich gut aus. Wie bei aufgeräumten Technokraten aus dem Management von Unternehmen werden gerne modische englische Begriffe in die Sprache eingeschleust. Die gestische Untermalung des Gesagten und manche rhetorischen Kniffe hat man in Weiterbildungsseminaren gelernt. Überhaupt zeigt man dort, wo einer oder eine mit Arbeit das Geld verdient, Wohlverhalten. Im Amt, im Betrieb, berufsmäßig wird erduldet, teamgeworkt oder ordentlich geführt (alles wie üblich, ebenso natürlich Intrigen,

143 Andrea Maria Dusl: Boboville. Residenz Verlag, St. Pölten, Salzburg 2008.

Taktik und Einschleimen). Bei der Ernährung darf man das Vorbild heraushängen lassen, sie soll fortschrittlich, mit Expertise, sowie gesund und vegetarisch bis vegan sein.

Staatsgrenzen werden als überflüssig betrachtet. Migranten, korrekter: Flüchtlinge sind willkommen, dieses Verständnis wird rabiat durchgesetzt. Denn die reichen mitteleuropäischen Länder können sich solche humanitären Akte locker leisten, angeblich. Ökonomische Unkenntnis und sozialpsychologische Fehleinschätzungen bis hin zu grenzenloser Naivität werden nicht als Makel, sondern eher als eine Art persönlicher Vorzug gesehen. Was nicht ins eigene Meinungsbild und damit in das des Milieus passt, wird meist brachial abgelehnt und gerne als rassistisch, hetzerisch und damit in der Zuordnung als Nazi diffamiert.

Gruppen, die sich so darstellen, wie man selbst ist, sind gut, jene, die nicht so sind, sind schlecht und sollten am besten dorthin gehen, wo der Pfeffer wächst. Kleinunternehmer, Start-ups und alles was mit Künstlern, traditionellem Handwerk und NGOs zu tun hat, gelten als unterstützenswert. Gern belegt man alternative Wochenendkurse zu Töpferei, Fermentieren (gemeint: Lebensmittelkonservierung) und anderen Dingen, wo man »analog« selbstgestalten und sich selbst erleben kann.[144] Sarkastisch ausgedrückt: »Gentechnik ist rechts. Atomenergie ist rechts. Arbeitslosigkeit ist rechts. Homosexualität ist links. Elektroautos sind links, Dieselfahrzeuge sind rechts. Internationaler Flugverkehr ist links, Binnenflugverkehr ist rechts. Klimawandel ist links, Veganismus ist links, Biertrinken ist rechts. Rock Musik ist rechts, Punk ist links.«[145] Derartige Zuordnungen, Typisierungen

144 Jonas Vogt: Handwerk-Kurse für Hipster, in: Der Standard, 7. 7. 2019, https://www.derstandard.at/story/2000105968912/handwerk-kurse-fuer-hipster .

145 Michael Klein: Atomenergie ist rechts: Warum Grüne durchdrehen. In: Sciencefiles, 29. 5. 2019. https://sciencefiles.org/2019/05/29/atomenergie-ist-rechts-warum-grune-durchdrehen/

und das zwanghafte Gegenpositionieren der eigenen Meinung ergeben ein beachtliches Schwarzweiß-Bild, das oft keine Nuancen mehr zulässt, eine individuell eigene Meinung rasch absaugt und Diskurs wie Debatten mit andersgläubigen Einheimischen von vornherein obsolet macht.

Angehörige eines Milieus bewegen sich oft beharrlich in einer Art Filterblase, also meist unter Gleichgesinnten. Die sind der leitende Kompass und Maßstab für das eigene Denken, Fühlen und Handeln.

Die dunklen Seiten

Frau Dusls Text zum Thema »Hurra, wir sind die Guten« lässt sich relativieren und dekonstruieren (um diesen postmodernen Begriff hier einmal passend zu verwenden), wenn man ernsthaftere, weniger slapstickartige und lustig sein wollende Textprodukte zur Bobo-Lebensweise liest, etwa Anke Stellings Romane.[146] Da wird offenkundig, wie seltsam genusssüchtig und feierlaunig diese Bobos sind, wie entscheidend Einkommen und damit Geld geblieben ist, selbst wenn es betulich geleugnet wird, und wie kaputt und gewöhnlich, wie banal die Gruppenvorgänge sind. Die verkorksten Seelenleben der Beteiligten bleiben; Angeben, Neid, Wichtigmacherei, Geldknappheit, Intrigantentum und Gehässigkeit, Kleinlichkeit, Unzufriedenheit und Selbstbeweihräucherung spielt es hier genauso wie bei der Unterschicht-Landjugend, den jungen Prolos in der Stadt oder den alten Mittelschichtgymnasiasten. Charakterlich sind Leute aus dem linksliberalen Milieu überhaupt nicht humaner oder menschlicher als die anderen

146 Anke Stelling: Bodentiefe Fenster. Verbrecher Verlag, Berlin 2015. Anke Stelling: Schäfchen im Trockenen. Verbrecher Verlag, Berlin 2018.

Zeitgenossen. Vielleicht ein bisschen politisch korrekter und betulicher, weniger derb, als die aus den traditionellen Milieus.

Das war bei den 68ern, bei den kommunistischen, trotzkistischen und maoistischen Folgegruppen nicht viel anders; und vorher, zwischen den zwei Weltkriegen, bei Kommunisten, Sozialisten und Faschisten ist es genauso gewesen. Immer ging es in den Gruppen und Organisationen um Macht, Anerkennung und Ruhm, um Deutungshoheit, um die Vernichtung von abweichenden Meinungen und von Gegnern. Solange sich hier auf Gruppenebene und in den Psychen der Beteiligten nichts Wesentliches ändert, kann die Veränderung von Gesellschaft gleich vergessen werden, das ließe sich als ernstes, bedauerliches Zwischenresumée einmal festhalten. Eine neue Gesellschaft bliebe durch ihre Population nicht anders deformiert als die bestehende. Man kommt 50 Jahre nach Herbert Marcuses letzten Beiträgen zu keinem anderen Schluss, jedoch es würde sehr, sehr schwer werden, die Last des Alten loszuwerden.

Die alten traditionellen Milieus

Die traditionellen Milieus, die alte Mittelschicht und die alte Unterschicht sind, was ihre öffentliche Bedeutung, ihre gesellschaftliche Wertigkeit und Beachtung anlangt, abgehängt. Dabei, ohne dass sie es merken würden, ideologisch durchsetzt von den Werten, Haltungen und Meinungen des linksliberalen Milieus, das nun so an die dreißig Jahre langsam und kontinuierlich seine Vorstellungen in Medien, im Bildungssystem und in der Politik entfalten konnte. Traditionelle Haltungen hatten keine wesentliche Stimme in den Medien, zudem gelten sie als rückständig. Wie sich die authentische Oberschicht entwickelt – gemeint sind nicht die sozialwissenschaftlich oft als Oberschicht ausgewiesenen zehn Prozent der Sozialstruktur, sondern die tatsächlichen ökonomischen Eliten, das alte Großbürgertum, die großen Kapitalbesitzer, der reiche alte Adel – das wissen wir nicht. Alle, die seit Generationen in Wohlstand und Reichtum leben und jene, die ganz schnell zu Reichtum gekommen sind, kennen wir zu wenig, es gibt dazu wenig Forschung.[147]

Der untere Teil jener erwähnten zehn Prozent Oberschicht bildet sich aus gut bis bestens bezahlten Managern von Unternehmen, Finanzindustrie und Medien, hohen Richtern, hohen Verwaltungsbeamten, erfolgreichen Self-made-Menschen, Exministern mit nachfolgenden Kommerzkarrieren, Hochkultur-Künstlern oder den bekannten Stars aus Film, Fernsehen und Musik sowie natürlich manchen Erben aus diesem Kreis. Menschen, die es verstanden haben, sich Wohlstand und (zumindest stillen) Einfluss zu sichern. Dieses Großbürgertum ist nicht zwangsläufig und durchgängig konservativ, es gibt mittlerweile genügend linksliberale, boboeske Typen darunter, das sieht man schon am Beispiel der kalifornischen Hi-Tech-Milliardäre (Stichwort »kalifornische Ideologie«, die sind an sich die Ursprungs-Bobos). Allerdings, diese Personengruppen haben wenig Interesse, sich beforschen zu lassen und bleiben daher meist im dunklen Grau der Dämmerung unserer sozialen Strukturen.

Hier Aufwertung, dort Abwertung

Der Leser mag sich ja fragen, ob er etwas mit einem Menschen anfangen kann, der nach seinem Job in der Elektroinstallationsfirma

147 Rainer Zitelmann: Psychologie der Superreichen. Das verborgene Wissen der Vermögenselite. Finanzbuchverlag, München 2017. Rainer Zitelmann: Die Gesellschaft und ihre Reichen. Vorurteile über eine beneidete Minderheit. Finanzbuchverlag, München 2019.

und dem von der Frau aufgetragenen kleinen Einkauf im Supermarkt, sich nach den üblichen Pendlerkilometern müde auf die Wohnzimmercouch setzt, ein Bier aufmacht, den Fernseher andreht, dabei selbstlobend ein paar seinen Arm zierende Tattoos betrachtet. Dann auf ein Abendessen mit Leberkäse, Spiegelei und Bratkartoffel wartet, während ihm sein Volksschulkind einigermaßen auf den Nerven herumtrampelt, da es dauernd am Smartphone herumwischt (das zum Glück die Schwiegermutter finanziert hat)? Und nach dem Abendessen nervt dann an einem Stück die Partnerin mit unliebsamen Joberfahrungen. Die in den Abendnachrichten gesehenen Politphrasen, die Nullergebnisse, was Alltagspolitik anlangt, und die spitzer werdenden Kriegsdrohungen der Weltmächte, strapazieren munter weiter die eigene Geduld und machen keine gute Laune, sondern bestärken nur die Angst über die Unsicherheit in der Welt.

Na klar, dieses Milieu ist nicht so meins, werden manche Leser sagen. Die konsultieren eben nicht *Spiegel*, *Zeit* oder *Standard* zur Lebensbewältigung und Selbstversicherung, sondern werfen bestenfalls einen Blick in *Bild* und *Kronen Zeitung* und ähnlichen Käse, einzig aus purer Neugier, und das dazu lieber noch in Form von baumfressendem Papier, statt gelenkig online zwischendurch. Es ist eine sich ausdünnende Wirklichkeit, die jener alten Mittelschicht und der Unterschicht zukommt. Es ist zum Ärgern mit ihrer Halsstarrigkeit und Kleinkariertheit, Borniertheit und alter, behäbiger Dummheit. Trotz all den Erziehungsaktivitäten im Öffentlichen Rundfunk und Fernsehen, die beharrlich und mitleidsvoll über »Flüchtende« berichten und den alltäglich sich ausbreitenden Spin in den liberalen Tageszeitungen und den sich integriert habenden Quoten-Migranten in der TV-Unterhaltung und in den Zeitschriften. Das ist für die alten

Unterschicht-Angehörigen und die alten Mittelschichtler zwar eine permanente Zumutung, an die sie sich jedoch gewöhnen mussten, da die Medien meist am längeren Ast sitzen, den längeren Atem haben und auf Gewöhnungseffekte setzen (können). Mit der Pädagogik des Therapiestaates ist es wie mit der Werbung. Man gewöhnt sich daran. Permanenz definiert die Realität und ist sie erst hinlänglich in die Köpfe der Menschen eingedrungen, ist sie wirklich geworden, das Thomas-Theorem eben. Das war im Faschismus so, im Stalinismus, im Maoismus usw. Die Herrschenden definieren, die Beherrschten akzeptieren das langsam. Nur selten gibt es heftigeren Widerstand, meist bleibt es bei einem achselzuckenden Murren.

Diese alten Strukturräume, jene Großmilieus sind tatsächlich nicht so einfach und geradlinig zu fassen. Jutta Allmendinger hat das mit ihrer recht interessanten, aber methodisch etwas altbackenen Strukturanalyse der Deutschen, die medial hübsch rezipiert wurde, also breit auf- und abgewandert ist, versucht. Es ging darum, ein gutes Abbild der Menschenlandschaft zu gewinnen, jedoch es ist nicht ganz gelungen.[148] Diese »Vermächtnisstudie« von WZB, Infas-Institut und *Die Zeit* hat vergessen, dass es längst schon ausdifferenzierte Milieus gibt, urbane zumal, und damit einen Wandel der Faltungen in der sozialen Struktur. Manchmal holen einen eben die 1960er- und 1970er-Jahre ein und man vergisst das Dazwischengekommene. Trotzdem, die Einsichten sind spannend, sie spielen insbesondere für die Verlierermilieus eine große Rolle.

148 Jutta Allmendinger: Das Land, in dem wir leben wollen. Wie die Deutschen sich ihre Zukunft vorstellen. Pantheon, München 2017.

Unschöne Verlierer

Die alte Mittelschicht, jene, die sich nicht an urbane linksliberale Wertvorstellungen anpassen konnten oder wollten, sind die Verlierer im Verlauf der jüngeren Geschichte. Es sind ältere einfache und mittlere Beamte, Verwaltungsangestellte und ältere Arbeitnehmer in Unternehmen, Handwerker, Rentner, kleine und mittlere Parteifunktionäre in den traditionellen Parteien, jüngere und ältere Menschen in freien Berufen und in Bildungsberufen, die mühsam den Zeitgeist einfangen, um sich nicht allzu unbeliebt zu machen. Akademisch gebildete Jüngere aus der alten Mittelschicht assimilieren sich teilweise an das linksgrüne Milieu, das sie im Studium und am urbanen Arbeitsplatz kennenlernen und mit dem sie vertraut wurden, man will ja Zugang zu den dominanten Gruppen finden. Die Übergänge von der unteren Mittelschicht zur oberen Unterschicht und in der Unterschicht selbst sind fließend, von außen gesehen unscharf. Angelernte Arbeitskräfte, Beschäftigte in Gewerbe und Industrie, ebenso im Handwerk, Supermarktpersonal, Pflegehilfskräfte, Arbeiter und kleine Angestellte im öffentlichen Dienst, Paketzusteller, Portiere, Security-Mitarbeiter, Gelegenheitsjobber, Aushilfskräfte, Arbeitslose.

Ein Teil der Menschen lässt sich wohl einigermaßen gezielt in das soziale Fangnetz der mitteleuropäischen Sozialstaaten fallen. Manche sind allerdings devastiert vom sozialen und ökonomischen Wettbewerb, also vom Alltag kaputt gemacht, krank, ausgehöhlt und verwüstet. Etliche sind nur einfach dumm oder faul oder müde. Am unteren Ende der sozialen Pyramide, dort wo letztlich Armut und Not herrscht, sammelt sich einiges, auch manche, die unter die Räder des Gesellschaftsgetriebes gekommen sind.

Das ist oft eine harte Geschichte. Viele, die ins Land kommen, sind auch nicht blöd und nutzen als wie-immer-auch-Migranten sozialstaatliche Möglichkeiten aus (vor allem, wenn sie dabei eifrig von NGOs unterstützt werden).

Ich zum Beispiel, wenn ich Schulabbrecher aus dem Südbalkan oder dem Maghreb wäre, würde sofort so eine Gelegenheit wahrnehmen. Man überschätzt ja die eigenen Fähigkeiten, aber selbst wenn man in der Wirtschaft nichts Rechtes findet, weil Fertigkeiten und Ausbildung fehlen, ist das Überleben mit Kleinkriminalität in Mitteleuropa vermutlich lukrativer als in den südlicheren Ländern. Das linksliberale Milieu ist zu naiv, zu romantisch und zu unwillig, um diese Dinge halbwegs nüchtern und aus einer Vogelschauperspektive zu sehen, da sie gerne die eigene Wirklichkeit über alles andere drüberlegen.

Das wird aus der eigensinnigen Vermächtnisstudie schon deutlich – die traditionellen Milieus sind Verlierer, Loser, im ästhetischen Sinn vielleicht sogar Beautiful Losers, wie ein Buch von Leonard Cohen benannt ist. Für die berufliche gute Rekrutierung fehlen ihnen die Mittel, die die Bobo-Generation beherrscht: Auslandsaufenthalte, Erasmus-Semester, der englisch-deutsche Neusprech des mittleren Managements, die Fähigkeit, sich selbst gut zu verkaufen. Das soziale Kapital fehlt ebenso, die Name-Dropping-Fähigkeiten, die Querverweise, das stille Einvernehmen, die Täuschung, die allseits üblich ist. Man muss sich dazu nur einmal die zeitgenössischen Stelleninserate ansehen. Was da verlangt und wohl mitunter beigebracht wird, ist Schönfärberei, Verlogenheit pur.

Die Zukunft wird weniger gut werden, als es heute ist, sagen die Befragten der erwähnten Vermächtnisstudie. 88 Prozent meinen das – ein extrem pessimistischer Blick. Die Autorin versucht das zwar zu relativieren, jedoch sind diese 88 Prozent meiner bescheidenen Auffassung nach nichts anderes als Pessimismus pur. Dabei ist es nicht so, »dass sich die Menschen mehrheitlich nach einer besseren Welt sehnen.«[149] Sie jammern auch nicht herum oder wären in Sorge erstarrt; sie haben schlichtweg resigniert und alle Hoffnungen auf eine bessere Welt, eine freundlichere Gesellschaft abgeschrieben, aufgegeben.

Und sie klammern sich deshalb an das, was noch nicht zerstört scheint (wie die Hoffnung auf romantische Liebe, dauerhafte Partnerschaft), nämlich Erwerbsarbeit und persönlichen Besitz. 90 Prozent der Befragten sagen »Erwerbsarbeit ist mir außerordentlich wichtig«[150] Die Autorin beantwortet den Grund dafür: »Es bleibt ihnen nichts anderes übrig«, wenn sie ein halbwegs zufriedenstellendes Leben führen und nicht am unteren Ende der Pyramide landen wollen. Und, diese Arbeit, das Geldverdienen soll in Zukunft noch wichtiger genommen werden. Dabei ist es nicht nur das Geld, das daraus erzielt wird, offenbar tragen die soziale (Außenwelterfahrung, Auszeit von der Familie, Anerkennung, usw.) und die psychische (persönliche Identität) Komponente zu dieser überragenden Bewertung bei.

Eigenes Eigentum

»Dass Besitz in der Familie bleiben soll, ist eine Grundhaltung aller Menschen in Deutschland, eine Art kultureller genetischer Code.«[151] Mit 82 Prozent wünschen sich praktisch nahezu alle, Arme, Reiche, die Mittelschicht, Konservative und Fortschrittliche,

149 Jutta Allmendinger: Das Land, in dem wir leben wollen. Wie die Deutschen sich ihre Zukunft vorstellen. Pantheon, München 2017, S 76.

150 a. a. O. S 94.

151 Jutta Allmendinger a. a. O. S 107.

dass es keinen weiteren staatlichen Zugriff auf vererbbare Vermögenswerte gibt. Das ist eine klare Absage an die seit Jahrzehnten in der Lade liegenden Umverteilungspläne von Sozialdemokraten, Linken, Kommunisten und Grünen, die mit Erbschaftssteuern gerne jene verkürzen wollen, die sich unter Konsumverzicht (Stichwort: ökologisch) etwas, vielleicht eine Eigentumswohnung geschaffen haben, die dem Kind als Notreserve bleiben soll, wenn einer selbst einmal von der Welt abtreten muss. Übrigens, die horrenden Erbschaftssteuern, die die Fürsten einsäckelten, waren ein Anlass für die erste europäische Rebellion, die Bauernkriege 1525. Nicht nur die Wohlhabenden wollen das, ebenso die Armen und jene, die einem Kind nicht so viel aufheben konnten oder können. Natürlich spricht aus dieser Haltung ein ganz breiter individualistischer Widerspruch gegen eine solche Art von Umverteilung und böser ausgedrückt: staatliche Zwangsverwaltungsvorstellungen.

Offenbar sind bei dieser großen Mehrheit, die das Vererben in Ruhe lassen will, beträchtliche Teile des linksliberalen Milieus dabei, die als Mittelschichtangehörige ja selbst zu den besser geglückten Erben gehören (werden). Auf Omas Wohnung mag man dann nicht verzichten müssen. Grundsätzlich können Vermögens- und Erbschaftssteuern die durchaus dramatische Frage sozialer, genauer: wirtschaftlicher Ungleichheit zwischen Arm und Reich nicht wirklich lösen. Sie wären eine optische Täuschung und natürlich ein Stück ausgelebte Gehässigkeit gegenüber der sparsamen Vererbungsgeneration. Ähnlich wie das Verbot des Rauchens am Gehsteig eine Gehässigkeit gegenüber den Rauchern ist, derweil Autos und Motorräder ungeschoren bleiben (man will es sich ja nicht mit allen verderben, sondern nur mit denen, bei welchen man halbwegs plausible Gründe anführen kann oder eine Mehrheit für sich weiß). Um umverteilungswirksam zu sein, müssten sie hoch sein und natürlich bei kleinen Erbschaften und Vermögen ansetzen, letztendlich wäre der Sachverhalt »privates Eigentum«, damit die liberale republikanische Verfassung beendet.

Selbstbezogenheit

Die Jüngeren sind deutlich weniger an Politik und Kultur interessiert als die Älteren, stellt die Vermächtnisstudie fest. Ganz anders ist es jedoch, wenn es um das eigene Aussehen und um gesundes Essen geht, generell um Selbstverwirklichung, oder was dafür gehalten wird. Ebenso trennen die Jüngeren zwischen Partnerschaft und Kindern, grundsätzlich wird Partnerschaft unverbindlicher und Work-Life-Balance wichtiger. Egozentrismus und Narzissmus als Reaktion auf eine irgendwie aus den Fugen geratene, unsichere und unberechenbare Umwelt? Das wohl auch – zu erinnern wäre aber an den erwähnten fürsorglichen und demokratischen Erziehungsstil, der sich ab den 1960er-Jahren in Mitteleuropa ausgebreit hat. Nicht nur in der Mittelschicht, typisch für die Unterschicht ist das Ausstaffieren des Kindes mit Markenbekleidung, Markensüßwaren Fernseher und Smartphone, um diesem ein Mithalten zumindest mit den allgemeinen Konsumstandards zu ermöglichen.

Eine bessere Welt?

Eine bessere Welt scheint heute nicht in Sicht. Träume davon mögen vielleicht fragmentarisch existieren. Die traditionellen Milieus haben keine Vorstellungen von einer besseren Welt, einzig das Bedürfnis, dass es ihnen lieber wäre, alles bliebe halbwegs so wie es ist, oder war. Das linksliberale Milieu hat ebenfalls keine Visionen von einer lebenswerteren Welt entwickelt, nur ein Kleinklein mit offenen Grenzen, besserer Ernährung und mehr bio und öko, sowie Fahrrad und Elektroauto. Große Utopien sind versiegt, eingetrocknet – übrigens in allen politischen Lagern.

Selbst das bedingungslose Grundeinkommen, das immer wieder als originäre linke oder grüne Idee auftaucht, ist eine Entwicklung liberaler und neoliberaler Ökonomen, insbesondere von Milton Friedman aus den 1960er-Jahren. Es hieß damals negative Income-Tax, also negative Einkommenssteuer und sollte so funktionieren, dass ein Mensch ohne Erwerbseinkommen vom Staat einen Geldbetrag zur Deckung seiner Grundbedarfe erhalte (mit ansteigendem Arbeitseinkommen immer weniger). Zweifellos paradox, Milton Friedman könnte in gewisser Hinsicht als ein Urgrüner durchgehen. Immerhin war er für die Abschaffung der Wehrpflicht, sprach sich gegen die bestehenden Drogenverbote und für staatlich finanzierte Bildungsgutscheine aus.[152]

152 vgl. Wikipedia, Milton Friedman, https://de.wikipedia.org/wiki/Milton_Friedman .

Nachdenklicher Epilog

Es gab in diesem Buch eine Art von spiralenförmigem Gedankengang, gewissermaßen die Stockwerke dieser Gesellschaft und ihres Werdeganges aufwärts, in die Höhe gehend. Am Dach angelangt, blickt man dann zwangsläufig mit gesellschaftspolitischer Perspektive zurück – was haben wir da vor uns liegen? Und wohin wird das führen – da darf man dann das Objektive etwas verlassen und ins Subjektive abschweifen.

Eine tiefe Kluft

Durch unsere Gesellschaften geht ein großer Riss, eine kaum mehr überbrückbare Kluft. Auf der einen Seite rund ein knappes Drittel der Menschen, die weltoffen sein wollen, wie das heute verschönernd für multikulturell heißt. Postmaterialisten mit einem hoch ausdifferenzierten, mitunter ans Hysterische grenzenden subjektiven Gerechtigkeitsempfinden, damit offenbar zwangsneurotischen Verhaltensweisen und zugleich einem marktradikalen (neoliberalen) Leistungsverständnis. Also weltoffene, gerechtigkeitssensible, im Grunde, wenn auch nicht im persönlichen Verhalten, umweltbewusste Meritokraten. Alles, was außerhalb dieses Verständnisses liegt, gilt als rechts, als Erbe des Faschismus.

Die Abgehängten

Es wird in den Sozialwissenschaften, die heute vom linksgrünen, multikulturellen Milieu dominiert werden, viel zu Rechtspopulismus publiziert; halbwegs sensible Autoren und Autorinnen wie Cornelia Koppetsch, sehen die ideologische Brille, die bei vielen Autoren der Regelfall geworden ist und das Andienen des Wissenschafters ans neue Establishment deutlich. Ideologische Brille und das Andienen an Eliten machen allerdings Forschung zu Müll, egal ob das nun von links oder rechts bebrillt ist.

Wer sind nun – ohne Brille – die kulturell Abgehängten? Die alte und kleiner werdende Mittelschicht und die alte Unterschicht, dann vermutlich ein Teil, nämlich der konservative Teil der alten Oberschicht. Sie haben in erster Linie Angst vor den vielen Veränderungen einer auf den Kopf gestellten Welt, vor der Geschwindigkeit, mit der sich alles ändert.[153] Angst, ihre Perspektive, ihr Verhältnis zu Gesellschaft und Umwelt sowie die gewohnten Strukturen zu verlieren, weil die neue linksliberale Mittelschicht ihnen eine neue Sichtweise aufzwingt. Politische Korrektheit, Multikulturalität, eine offene Gesellschaft, die sich (angeblich oder tatsächlich) um ins Sozialsystem eindringende Migranten mehr sorgt, als um die hier lebenden Armen, all das führt zu Gefährdungserfahrungen. Die gewohnte Kultur zu verlieren ist das eine, Angst vor ökonomischem Abstieg das andere, also vor Verdrängung, was Wohnen[154] oder den Arbeitsplatz anlangt.

Die Menschen sind nicht dumm – wenn das Rentenantrittsalter steigen muss, man also länger zu arbeiten hat, da das Sozialsystem sonst zusammenzubrechen drohe, wie ihnen Interessensgruppen aus der Wirtschaft und die Medien recherchelos kontinuierlich nahebringen, dann denken sie nicht zu Unrecht an die hohen Migrationsfolgekosten. Allerdings, in den gentrifizierten

153 Hartmut Rosa: Beschleunigung. Die Veränderung in der Zeitstruktur der Moderne. Frankfurt am Main 2005. Schon früh dazu: Norbert Bolz: Die unerträgliche Geschwindigkeit des Seins, in: Universitas 6/1994, S.514-520.

154 Marcel Helbig, Stefanie Jähnen: Wo findet »Integration« statt? Die sozialräumliche Verteilung von Zuwanderern in den deutschen Städten zwischen 2014 und 2017. Discussion Paper P 2019-003. Berlin: WZB 2019.

Wohngegenden der Städte sitzen heute die linksgrünen postmaterialistischen Eliten, deren Kinder gehen in angesagte Kindergärten, auf elitäre Privatschulen und sie selbst pilgern nicht zum Kassenarzt mit langen Wartezeiten, sondern in Privatordinationen bzw. zu Wahlärzten. Und genau dieses Milieu redet dauernd von Achtung, Respekt, Menschenwürde, Solidarität und anderen Worthülsen. Das schafft nachhaltige Verbitterung.

Mit gelebter Multikulturalität, sogenannter Buntheit und Vielfalt stellt sich bei vielen dann das Gefühl ein, die alte Heimat wäre ihnen weggenommen worden, diese Leute fühlen sich mittlerweile in Berlin, Wien oder anderen großen Städten fremd, sozusagen nach Neu-Istanbul versetzt (wobei Istanbul übrigens vor 30 Jahren noch ganz westlich ausgesehen hat). Sehr hübsch hat das Carlo Strenger kürzlich ausgedrückt: »... sie (haben) das Gefühl, am Ort ihrer Geburt nicht länger zu Hause zu sein«.[155]

Und diese Menschen wissen auch, dass man mittlerweile über derartige Erfahrungen und Gefühle nicht mehr reden darf, da einem sonst schnell über den Mund gefahren oder bedeutet wird, dass einer – der Einheimische nämlich, soviel zur Solidarität und Achtung Andersdenkender – sich in ein anderes Land schleichen könne. Nachgerade ungeheuerlich, wenn man sich vorstellt, es sagte ein Elternteil zu einem renitenten Kind: dieses möge sich eine andere Familie suchen. Mit einem Unterschied, wenn der rechtsliberale US-Präsident Donald Trump das sagt, ist das ganz böse und rassistisch, wenn der später mutmaßlich von einem Rechtsextremen erschossene linksgrüne hessische CDU-Politiker Walter Lübcke das zu aufsässigen Deutschen sagt, ist das schon

155 Carlo Strenger: Diese verdammten liberalen Eliten. Wer sie sind und warum wir sie brauchen. Suhrkamp Verlag, Berlin, 2019, S 10.

voll okay gewesen. Natürlich wird hier mit eklatant zweierlei Maß gemessen, das ist den Medien vorzuwerfen.

Lämmer?

Die traditionelle Mehrheit kann sich kaum Gehör verschaffen, da linksgrüne Multikulturalität in den Medien, Schulen, Universitäten, in Kunst, Kultur, in Parteien und in den Religionsgemeinschaften inzwischen hegemonial ist, meinungs- und kulturbestimmend. Dazu kommt, dass die alte Mittelschicht und die Unterschicht eher »Lämmer« und keine politischen Kampfhunde – wie die Aktivisten der diversen linksgrünen Gruppen und NGOs – sind, also nicht versiert in Auseinandersetzungen und kriegerisch, nicht beschädigend, sondern eher zaghaft, vorsichtig oder scheu, zurückhaltend, wenn es darum geht, die eigene Meinung zu äußern.[156]

Die multikulturalistische neue Mittelschicht treibt die traditionellen Mehrheiten in die Defensive und damit bei anstehenden Wahlen zu jenen Parteien, die noch am ehesten ihre Interessen vertreten könnten. Erstaunlich ist dabei jedoch, wie kleinräumig diese Wählerwanderung nach rechts bisher geblieben ist, die von den Linken ausgelöst wurde. Natürlich muss beachtet werden, dass die kontinuierliche und übertreibende Etikettierung dieser Parteien als rechtsextrem, rechtsradikal, als neue Nazis, und dies in Endlosschleife und bei allen möglichen Gelegenheiten, zu einer Immunisierung großer Teile der Bevölkerungen geführt hat. Eine solche Daueretikettierung wirkt recht effizient abschreckend,

156 Rainer Mausfeld: Warum schweigen die Lämmer? Wie Elitedemokratie und Neoliberalismus unsere Gesellschaft und unser Lebensgrundlagen zerstören. Westend Verlag, Frankfurt am Main, 2018.

gerade wenn die aus dem Hitlerregime herrührende Dauerschuld den Menschen so massiv eingeprägt wurde. Walter Lippmann und Edward Bernays haben diese Effekte ja schon vor 100 Jahren eingängig beschrieben und die US-Regierungen haben wie die politischen Parteien und Regierungen in unseren Demokratien einschlägig praktiziert.

Meinungshoheit benötigt finanzielle Mittel. NGOs die politisch recht hilfreich sein können, brauchen staatliche und EU-Förderung und ebenso private Wohltäter wie den Spekulanten George Soros, um diese Person zu guter Letzt noch zu erwähnen, ein Liebkind des linksgrünen Establishments, das aber keine Sekunde gezögert hätte, Großbritannien mit Währungsspekulationen und Milliardengewinnen um seine Existenz zu bringen.

Nichts geht mehr

Der beschriebene Konflikt, die Kluft zwischen den zwei großen Milieus, dem kleineren linksliberal-multikulturellen und dem größeren traditionellen(-kommunitaristischen), wird sich wohl nicht auflösen lassen. Ähnlich wie zerstrittene, gehässige Nachbarn, will jedes Lager – zumindest die Aktiven – nur recht behalten, sich durchsetzen, die andere Seite beschädigen, zum Aufgeben zwingen oder vernichten. Das traditionelle Milieu hat dabei die schlechteren Karten, denn kulturelle Hegemonie haben längst schon die Linksliberalen übernommen. Für eine breitere Radikalisierung, außer am linksextremen und rechtsextremen Rand, spricht allerdings wenig, dafür sorgen schon die Konsumgesellschaft und der Erwerbsarbeitszwang, um an jener zu partizipieren. Auch bei den fast ein Jahr anhaltenden Gelbwesten-Protesten in Frankreich ging es in erster Linie um den Erhalt dieser Partizipation am Konsum. Dieses völlige Versagen einer gesellschaftlichen Debattenkultur wird nicht nur zwischen den beiden Großmilieus deutlich, sondern es ist als gruppenspezifisches Defizit auch bei den Aktivisten beider Milieus kenntlich. Dazu die Erfahrung eines Linksradikalen: »Denn ich empfinde die meisten Diskussionen, die ich in linksradikalen Kontexten führe, als gewaltvoll. Viele Verhaltensweisen, die bei Diskussionen an den Tag gelegt werden, scheinen als Teil einer Diskussionskultur betrachtet zu werden, mit der ich mich aber nicht identifizieren kann. Rededominanz, Ablenken vom Thema, Unterstellungen, Gegenseitiges Nicht-Zuhören, persönliche Angriffe, fehlende Offenheit gegenüber den Meinungen anderer, eine irritierende Selbstsicherheit in Bezug auf die einzig wahre Richtigkeit der eigenen Positionen, bei angekündigten Diskussionen innerhalb öffentlicher Veranstaltungen die mangelnde Bereitschaft, sich mit dem Thema auseinanderzusetzen, sondern bereits mit einer unverrückbaren vorgefertigten Meinung zu kommen, von der andere ausschließlich überzeugt werden sollen. Quasi eine Mission zur Bekehrung der Ungläubigen.«[157]

Die Aktivisten beider Milieus sind »Gesinnungstäter«, die sich nichts schenken und kein Interesse an Diskursivität haben, es geht nur darum, Andersdenkende beruflich zu vernichten, dazu braucht man sich nur die Diskussionsforen ansehen, sofern es solche noch gibt bzw. wo sie nicht gesäubert werden. Festgeschnallt in ihren Filterblasen, liefern sie zuverlässig ihre Beiträge zur Radikalisierung. Das war in den 1920er- und 1930er-Jahren nicht viel anders – auch damals waren beide extremen Seiten am Desaster beteiligt. Heute sind halt, um es vereinfacht zu

157 o. V.: Diskutieren will gelernt sein. In: Zündlumpen, 5. 7. 2019. https://zuendlumpen.noblogs.org/post/2019/07/05/diskutieren-will-gelernt-/ .

sagen, Nationalismus und Multikulturalität nur die zwei Seiten einer Medaille.

Jedoch, wenn die Europäische Union und ihre Mitgliedsstaaten den Ausbau des paternalistischen Verwaltungs- und Therapiestaates weiter vorantreiben, könnte sich beim traditionellen Teil der Gesellschaft rebellisches Verhalten einstellen, der kleinere linksliberale Teil ist ja prinzipiell EU-begeistert (wenn auch im bürokratischen Bereich nachsichtig bis durchaus kritisch). Die Zeichen, wo es hingehen soll, stehen ja schon an der Wand: Impfplichten und andere Wohlverhaltensvorschriften, mehr und mehr rechtlich durchgesetzte politische Korrektheit, Bargeldverbot, langanhaltende und intensivierte finanzielle Repression (negative Sparzinsen), wirksame Bemautung im Straßenverkehr, hohe CO2-Steuern und ähnliche Dinge. Sie werden im linksliberalen Milieu zwar anfangs meist auf Zustimmung stoßen (solange es in der Brieftasche nicht zu sehr schmerzt), bei den Traditionellen wird sich nach einem langen und geduldigen Zuwarten wohl Widerstand einstellen. Bricht sich dieser erst einmal eine Bahn, dürfte es eher ziemlich chaotisch werden, denn es scheint sich in den zeitgenössischen Gesellschaften recht viel an tiefliegender Unzufriedenheit aufgestaut zu haben. Alles scheint auf einen kulturellen Clash[158] zuzusteuern; und das haben leider die linksliberalen Kinder und Enkel der 68er-Menschen, aber diese selbst genauso, verschissen (um das abschließend einmal derb auszudrücken). Manche aus den sensiblen Minderheiten werden sich derweil in den verschiedenen Formen des Irreseins von der Gesellschaft, sozusagen aus individueller Notwehr, lossagen,

158 Samuel P. Huntington: Kampf der Kulturen. Die Neugestaltung der Weltpolitik im 21. Jahrhundert. Europa, München 1996. Original: Samuel P. Huntington: The Clash of Civilizations and the Remaking of World Order. Simon & Schuster, New York 1996.

oder wenn doch noch nicht selbst ver-rückt geworden, weiter zurückziehen.

Man kann natürlich dem post-spätkapitalistischen Regime die Schuld zuschreiben, das die Menschen aufspaltet, insgesamt in die Irre treibt, um das systemische Überleben des Kapitalismus zu sichern. Das wäre psychologisch sehr hilfreich, denn da können sich Akteure von ihrer Unfähigkeit und Verantwortung freizeichnen. Lassen wir es offen …

Bernhard Heinzlmaier/Philipp Ikrath

Generation Ego

Die Werte der Jugend
im 21. Jahrhundert

ISBN 978-3-85371-361-7, br., 208 Seiten, 17,90 €,
E-Book: ISBN 978-3-85371-815-5, 14,99 €

Philipp Ikrath

Die Hipster

Trendsetter und Neo-Spießer

ISBN 978-3-85371-394-5, br., 208 Seiten, 17,90 €,
E-Book: ISBN 978-3-85371-832-2, 14,99 €

Hannes Hofbauer

Dikatur des Kapitals

Souveränitätsverlust im
postdemokratischen Zeitalter

ISBN 978-3-85371-376-1, br., 240 Seiten, 17,90 €,
E-Book: ISBN 978-3-85371-825-4, 14,99 €

Matthias Martin Becker

Automatisierung und Ausbeutung

Was wird aus der Arbeit
im digitalen Kapitalismus?

ISBN 978-3-85371-418-8, br., 240 Seiten, 19,90 €,
E-Book: ISBN 978-3-85371-853-7, 15,99 €